자유로운 영혼을 위하여

자유로운 영혼을 위하여

2017년 3월 30일 교회 인가
2017년 4월 20일 초판 1쇄
2017년 8월 30일 초판 2쇄

지은이	송차선
펴낸이	박현동
펴낸곳	성 베네딕도회 왜관수도원 ⓒ 분도출판사
찍은곳	분도인쇄소

등록	1962년 5월 7일 라15호
주소	04606 서울시 중구 장충단로 188(분도출판사)
	39889 경북 칠곡군 왜관읍 관문로 61(분도인쇄소)
전화	02-2266-3605(분도출판사) · 054-970-2400(분도인쇄소)
팩스	02-2271-3605(분도출판사) · 054-971-0179(분도인쇄소)
홈페이지	www.bundobook.co.kr

978-89-419-1705-2   03230

• 저작권법에 의해 한국 내에서 보호를 받는 저작물이므로 무단 전재와 무단 복제를 금합니다.

✢

송차선 신부와 함께하는 1박 2일 대침묵 두 번째 피정

✢

분도출판사

읽기 전에

가회동 성당 옛 성전을 헐고 새 성전을 짓는 중에 그만 암 선고를 받고 병원에 입원을 하게 되었습니다. 수술을 마치고 나니 여러 개의 수액 줄과 피 주머니, 소변줄 등이 주렁주렁 몸에 달려 있었습니다. 그중에서도 특히 소변줄을 차고 있는 것이 너무나 불편했습니다. 그러다가 소변줄을 떼고 나니 그것만으로도 무척 홀가분하고 날아갈 것 같았지요. 그래서 휴대폰 문자로 동창인 ㅈ 신부에게 이 기쁜 소식을 알렸습니다. 답문이 왔습니다. 토씨 하나 안 틀리고 옮기면 이렇습니다. "너는 단순, 무식, 용감, 겁대가리 없음 등으로 빨리 나을겨.^^ 고생했어."

문자를 받고 우스워서 죽을 뻔했습니다. 동창 신부의 장난기 어린 위로가 전혀 언짢게 느껴지지 않았습니다. ㅈ 신부는 수술 직전까지 병원에 같이 있었습니다. 그가 그처럼 말할 수 있었던 것은 수술 직전까지 희희낙락 수다 떨다가 마치 아무 일 없다는 듯 태연하게 수술실로 들어가는 제 모습을 지켜보았기 때문이었을 것으로 짐작합니다.

ㅈ 신부 말대로 사실 저는 단순, 무식, 용감, 겁대가리 없음이 맞습니다. 이동침대에 누워 수술실에 들어갈 때도 아무 걱정 안 했습니다. 수술을 내가 집도하는 것도 아니고, 걱정한다고 해서 수술이 더 잘되거나 할 리도 없지 않습니까? 그러니 그냥 주님께 모든 것을 맡기고 홀가분한 마음으로 수술대에 올랐습니다. 다만, 수술 후에 많이 아프다고 하는데 견딜 수 있을 만큼만 조금 덜 아팠으면 좋겠다는 희망 사항은 있었지요. 과연 수술 후에는 많이 아프긴 하더군요.

수술을 마치고 병동에서 회복 중일 때 지인 하나가 묻더군요. 암 선고를 받았을 때 느낌이 어땠냐고요. 사실 저는 별 느낌이 없었으므로 뭐라 답을 해야 할지 몰랐습니다.

제가 부임한 가회동 성당이 붕괴 위험에 처해 있어 새로 지어야 했으므로 재원 마련을 위해 모금을 시작했었지요. 수술 전 5월 초에 시행한 조직 검사에서 암이 두 곳에서 발

견되었지만 세례자 요한 탄생 대축일(6월 24일)에 세검정 본당 모금 계획이 잡혀 있었기에 수술을 7월 2일로 늦췄습니다. 신자들은 모금을 취소하고 수술 일정을 앞당기자고 성화였습니다. 칠십 대나 팔십 대 같으면 전이가 늦어 약물 치료로 충분하지만 젊은 나이에는 적극적으로 치료해야 한다고요. 젊으면 젊을수록 암세포도 활동력이 왕성해서 다른 장기에 전이될 위험이 크다는 것이지요.

그때 제 솔직한 심정은 이랬습니다. "차라리 이쯤에서 암 걸려 죽으면 더 좋지 않을까 …. 주님의 성전을 짓다가 순교하는 셈이니까." 그런데 의사 선생님 말씀이, 쉽게 안 죽는다고 하시네요. "순교는 아무나 하는 것이 아니구나. 순교도 주님께서 허락하셔야 하는 것이 맞네" 하고 보스턴에 있는 J 신부에게 말했더니, "그리 죽으면 순교가 아니라 순직이다" 하는 통에 한바탕 웃었습니다. 어차피 한 번 살다 가는데 어떻게 죽는가 하는 것은 중요한 문제 아니겠습니까? 저는 죽음을 거부하지 않습니다. 다만 헛된 죽음보다는 거룩한 죽음을 원할 뿐입니다.

암에 걸려 죽는다는 두려움보다는 어떻게 죽을 것인가에 저는 더 관심이 많았습니다. 물론 '암'이라는 단어가 주는 공포감은 분명히 있습니다. 그런데 저는 거기서 비롯되는 죽음의 공포로부터 자유롭다는 것을 깨달았습니다. 죽음으로부터 자유롭다면 그보다 작은 문제에는 더욱 자유로울 수 있는 것이지요. 그렇다면 무엇이 나를 이토록 자유롭게 했는지 수술 후 스스로에게 물어보곤 하였습니다.

퇴원 후에는 지리산에 있는 서울대교구 사제 휴양소에서 요양을 시작했습니다. 한번은 평소 가까이 지내던 ㅈ 신부, ㅇ 신부, ㅊ 신부가 그 먼 지리산까지 찾아와 밤늦도록 깊은 대화를 나누게 되었습니다. 신부들이 돌아간 뒤에 저는 홀로 조용히 머물면서 그들과 나눈 대화를 곱씹어 보았습니다. 밤새워 나눈 여러 대화 주제들 가운데는 '자유로움'이라는 주제도 있었는데, 왠지 그 주제로 글을 써 보고 싶은 마음이 들더군요. 그래서 2010년 부활절에 출간된 저의 졸작 『화해와 치유』의 연장선에서 '자유'라는 주제로 이렇게 또 한 권의 책을 세상에 내놓게 되었습니다.

『화해와 치유』가 출간되었을 당시에 "신부님, 혹시 이 책은 시리즈로 나오는 책인가요?"라는 질문을 많이 받았습니다. 그 책은 혼자서 피정하며 묵상할 수 있도록 꾸며진 책이었기에 주제를 달리하여 피정을 안내하는 책이 더 있으면 좋겠다고 그분들은 생각하셨던 것 같습니다. 때마침 요양 중이었고 좋은 화두도 떠오른 저는 이참에 제2편을 쓰기로 마음먹었습니다. 따라서 이 책은 『화해와 치유』

의 연장선에서 홀로 이 책 한 권을 들고 피정할 수 있도록 안내하는 책이 될 것입니다.

우리의 마음을 움직이시는 분은 하느님이십니다. 그리고 우리가 참자유를 얻어 누릴 수 있도록 우리를 변화시켜 주시는 분도 주님이시지요. 따라서 책에 담긴 내용은 단순히 보조 역할만 할 뿐입니다. '자유'라는 엄청난 주제에 대한 좋은 책들이 많이 있는데 어찌 저의 짧은 글로 자유에 관한 모든 것을 담아낼 수 있겠습니까? 그러므로 독자들 스스로 성경을 묵상해 가면서 부족한 부분은 주님께서 채워 주실 것으로 기대합니다. 내가 다 하면 주님께서 하실 역할이 없으니 나머지는 주님께 내어 드리기로 합니다.

이 책 역시 『화해와 치유』와 마찬가지로 혼자서 조용한 곳에 머물면서 주님을 만날 수 있는 안내 역할을 하게 되기를 희망합니다. 그래서 첫째 강의는 『화해와 치유』에서 그대로 옮겨 왔습니다. 이미 첫째 강의 내용을 알고 계시거나 기도에 익숙하신 분들은 이 부분을 생략하고 둘째 강의부터 보시면 됩니다. 혼자서 이 책으로 피정을 할 경우에는 『화해와 치유』에서와 마찬가지로 하시면 됩니다.

마지막으로, 제가 아플 때 기도해 주시고 마음 써 주시며 물심양면으로 도와주신 가회동 본당의 모든 교우분들, 특히 성전 건립의 온갖 어려움 속에서 동고동락한 몇몇 전우들께 진심으로 감사드립니다. 안식년 기간을 따뜻하게 돌봐 주신 삼성산 성령 수녀회 수녀님들과, 안식년을 마칠 무렵에 탈고하도록 독려해 주신 이 글라라 원장수녀님께도 특별한 감사의 마음을 전합니다. 표지 그림을 사용하도록 허락해 주신 송경 글라라 선생님과 표지 디자인을 해 주신 이하영 마리아 님께도 참으로 감사드립니다. 독자들이 이 책을 잘 활용하여 참된 마음의 자유를 얻어 주님을 찬미할 수 있다면 더없이 좋겠습니다.

지리산 요양소에서 시작하여

삼성산에서 마무리하며

송차선(세례자 요한) 신부

일러두기

이 책으로 1박 2일 피정을 하실 분은 첫째 강의부터 꼼꼼히 읽으시기 바랍니다. 피정에 활용하지 않는 분은 둘째 강의부터 읽으셔도 좋습니다.

1. 아래를 참고하여 피정 시간을 정하시기 바랍니다.

첫날(토요일)
 16:00 모임, 방 배정
 16:30 첫째 강의(오리엔테이션, 묵상기도)
 17:30 산책

18:00 저녁 식사

19:00 둘째 강의, 이후 대침묵

20:00 성경 주제 묵상과 정리

22:00 고해성사

둘째 날(주일)

07:00 기상, 아침 기도(자유롭게)

08:00 아침 식사

09:00 셋째 강의

10:00 성경 주제 묵상과 정리

12:00 점심 식사

13:00 넷째 강의

14:00 성경 주제 묵상과 정리

15:30 파견 미사(대침묵 해제)

2. 혼자 하는 피정이라면 '강의' 시간에 이 책의 해당 내용을 읽습니다.
3. '성경 주제 묵상과 정리' 시간에는 강의 내용 끝에 제시한 성경 주제를 묵상합니다.
4. 피정 장소에 사제가 있으면 고해성사를 할 수 있도록 미리 약속해 두는 것이 좋습니다. 저는 이 프로그램으로

피정을 할 때 면담 고해성사를 했습니다. 가능하면 사제에게 면담 고해성사를 요청하는 것이 좋습니다. 고해사제가 없으면 '고해성사' 시간에 양심 성찰을 하고, 피정을 마친 다음 고해성사를 보도록 합니다.
5. 피정 장소에 오전 미사가 있으면 미사 시간에 맞춰 강의와 묵상 시간을 조절합니다.
6. 고해성사를 보지 않고 미사에 참례하는 경우, 설사 죄가 있더라도 중대한 대죄가 아닌 이상 미사 때 성체를 모시도록 합니다. 빠른 시일 내에 고해성사를 보면 됩니다. 죄보다 은총이 더 크기 때문입니다.

차례

읽기 전에 _ 5
일러두기 _ 11

첫째 강의 _ 17
1. 묵상기도 _ 17
2. 침묵 _ 25
3. 몸의 준비 _ 28
4. 마음의 준비 _ 31
5. 묵상 순서 _ 34
6. 효과적인 묵상을 위하여 _ 38

둘째 강의 _ 41
1. 자유에 대한 갈망 _ 41
2. 은총으로서의 자유 _ 49
3. 은총에서 재앙으로 _ 53

셋째 강의 _ 61
1. 자유란 _ 61
2. 집착들 _ 71
3. 모든 집착으로부터의 자유 _ 77
4. 현재에 머물기 _ 82

넷째 강의 _ 87
1. 맡김 _ 87
2. 받아들임 _ 90
3. 놓아 버림 _ 94
4. 하느님 사랑의 체험 _ 100
5. 진정한 자유 _ 106

마무리 _ 113

첫째 강의

1. 묵상기도

신앙생활의 중심은 기도입니다. 하지만 기도가 무엇이냐고 물으면 곧바로 자신 있게 대답하는 신앙인은 그리 많지 않습니다. 더군다나 묵상기도가 무엇이냐고 물으면 더 주저하게 됩니다. 기도가 무엇인지에 대해서는 대개 '하느님과의 만남'이라고 간단히 말합니다. 맞는 대답입니다. 그렇다면 어떻게 하느님을 만날까요? 교회에서 정해 놓은 각종 기도들 ― '가정을 위한 기도', '자녀를 위한 기도', '주님의 기도', '묵주기도' 등을 통해서 하느님을 만날 수 있겠지만 일상 가운데서도 우리가 의식하기만 하면 하느님을 쉽게 만날 수 있습니다. 따라서 어떤 방식으로든 하느님을 만날 수만 있다면 그것이 바로 기도가 되는 것이지요. 예를 들어 볼까요? 따뜻한 봄이 오면 겨우내 말라비틀어져 다 죽은 줄 알았던 나뭇가지에 새순이 오릅니다. 가지마다 파릇파릇 움튼 싹을 보노라면 놀라운 생명의 기운을 느끼게 되지요. 그 가지에 생명을 부어 주시는 하느님의 숨결을 의식하면 자연스레 찬미의 노래가 흘러나올 것입니다. 이렇게 봄날 새싹에서 하느님을 만난 것 자체가 찬미의 기도가 됩니다. 반대로 그것을 다만 자연현상일 뿐이라고 여긴다면 그 놀라운 생명의 기운 안에서도 하느님은 아니 계시는 것과 마찬가지입니다.

마음으로 의식하면 하느님은 계십니다. 암만 내 곁에 계신들 내가 의식하지 않으면 계시지 않은 것과 다름이 없습니다. 지하철을 타 보지 않은 분은 없을 겁니다. 어느 날 지하철에 앉았을 때를 기억해 보세요. 분명히 곁에 누군가 앉아 있었을 겁니다. 그런데 그가 누구였는지는 기억이 안 나실 겁니다. 누군가가 분명 곁에 앉아 있었지만 아무도 없었던 것이나 마찬가지입니다. 그런데 어느 날 내 곁에 이상형의 이성이 앉아 있었다고 가정해 봅시다. 그래서 말을 걸까 말까 한참 망설이다가 용기가 없어 그냥 보냈다고 칩시다. 쉽게 잊혀질까요? 두 번 다시 만나지 못했어도 그를 분명히 의식하고 있었기에 지금껏 기억하고 있는 것이지요. 의식하지 않으면 있어도 없는 것과 같고 의식하면 분명히 있는 것임을 아시겠지요? 이렇듯 일상에서 내가 하느님을 의식하면 그분을 만날 수 있고 의식하지 않으면 그분은 아니 계신 것입니다. 하느님을 의식하면 그분을 마음으로 만날 수 있습니다. 그리고 만남 그 자체가 기도입니다. 내가 일상에서 그분을 어떻게 만나는가에 따라서 때로는 감사의 기도가 때로는 찬미의 기도가 되기도 하겠지요.

여러분이 누군가를 처음 만났을 때 서로 멀뚱히 쳐다보고만 있지는 않을 겁니다. 무슨 일을 하는지, 어디에 사는지를 서로 묻고 답하기도 할 테지요. 그렇게 서로를 알아 갑니다. 마찬가지로 하느님을 만나서도 만남 자체로 끝나는 것이 아니라 하느님과 뭔가를 주고받게 됩니다. 그래서 기도를 대화라고도 하는 것입니다. 그렇다면 대화는 무엇입니까?

요즘은 사정이 달라졌지만 예전에는 집에서 아버지의 권위가 대단했습니다. 가족 간 대화가 필요하다며 식구들을 몽땅 불러 놓고 우선 아버지가 일장 훈시를 합니다. 훈시를 마치고는 가족들에게 하고 싶은 이야기를 해 보라고 합니다. 그런데 가족들은 가장의 권위에 주눅이 들어 감히 입을 떼지 못하고 아버지의 지시 사항을 따르겠다는 다짐으로 가족 회의는 끝이 납니다. 자, 대화가 되었나요? 이것이 대화인가요? 서로 들을 줄 아는 것이 대화입니다. 한쪽이 일방적으로 말하기만 하면 대화가 이루어진 것이 아니지요. 그리고 내적 교류가 이루어져야 합니다. 이런 기준에서 보면 평생을 부부로 살아온 사이에서도 의외로 대화가 없다는 사실이 별반 놀랄 일도 아닙니다.

대화를 한다는 부부들도 채팅 수준인 경우가 많습니다. 평상시 하는 말 가운데, "당신 오늘 피곤해 보이네", "오늘 머리 했구나", "큰애 오늘도 컴퓨터 게임 많이 했어. 중독인가 봐" 따위의 말은 대화가 아니라 채팅입니다. 무엇을 어떻게 느끼고, 무엇을 원하고, 무엇을 생각하는지 서로의 내면을 주고받을 수 있어야 대화라고 할 수 있겠지요. 따라서 대화는 들을 줄 알아야 합니다. 일방적으로 자기 말만 하면 상대방 속마음을 알 수 없습니다.

우리가 하느님과 대화할 때도 그분 말씀을 들을 줄 알아야 하는데 정작 기도할 때 우리는 어떤가요? 일방적으로 내 말만 하고 들으려 하지 않는 경우가 많지 않나요? 자신에게 이런저런 것을 해 주십사 청하거나 자신의 마음을 그저 전달하는 수준에 그치는 경우가 많습니다. 물론 청원기도처럼 내 편에서 말하는 기도도 필요하지 않은 것은 아닙니다. 하지만 그런 기도만으로는 대화가 아니라 독백이라고 하는 편이 나을 겁니다. 올바로 대화하려면 들을 줄 알아야 하는데, 그렇다면 어떻게 하느님의 말씀을 들어야 할까요? 하늘에서 실제로 소리가 들리는 것은 아닙니다. 하느님은 영적 존재이신데 그분 말씀을 귀로 들을 수야 없겠지요. 그래서 우리는 마음으로 그분 말씀을 듣게 됩니다. 마음으로 듣는 기도, 그것이 바로 묵상기도입니다. 우리가 이 책에서 배우고자 하는 것이 바로 마음으로 듣는 기도, 묵상기도입니다. 묵상기도에 대해서는 뒤에서 설명하기로 하고 기도의 개념을 계속 이야기하겠습니다.

주의 깊게 들으면서 대화가 제대로 이루어지면 상대방을 알게 됩니다. 상대방을 알게 되면 친교가 싹트고 친교가 깊어지면 서로를 깊이 사랑하게 되지요. 따라서 기도는 하느님과 친교를 이루고 더 나아가 하느님을 사랑하게 되는 전 과정을 말합니다. 사람 사이에서도 친교가 이루어지고 서로 사랑하게 되면 늘 함께 있고 싶어질 겁니다. 말하자면 서로 일치하고 싶어지는 것이지요. 사랑하는 남녀가 일치의 표시로 소위 커플링이나 커플 티셔츠를 착용하는 모습을 자주 봅니다. 자신들이 둘이 아니라 하나라는 것을 드러내고 싶은 것이겠지요. 사랑은 일치의 속성이 있습니다. 그러므로 우리가 하느님과 사랑을 나누면 그분과 일치하게 됩니다. 기도의 마지막 단계에서 우리는 하느님과 온전히 일치하게 되며 이를 '일치의 기도'라고 합니다. 하느님 마음과 내 마음, 하느님 뜻과 내 뜻 사이에 더 이상 거리가 없습니다. 이러한 일치의 기도는 그렇게 쉽게 이루어지지 않지만 모든 성인은 일치의 기도를 완성하신 분들이라고 할 수 있겠지요.

사랑에 대해 이야기하겠습니다. 우리는 사랑에 빠지면 사랑하는 사람을 위해서 무슨 일이든 하게 됩니다. 힘들고 거친 일이라도 어렵게 느껴지지 않는 그것이 사랑의 힘입니다. 사랑하는 사람을 위해서라면 무엇이든지 다 할 수 있을 것 같고 실제로 그렇게 됩니다.

요즘 아기 엄마들은 일회용 기저귀를 사용하지만 예전에는 다들 천 기저귀를 만들어 썼습니다. 그런데 아기가 기저귀에 똥을 누면 엄마는 그 기저귀가 더러운 줄 모르고 손으로 비벼 빨았습니다. 왜 그럴까요? 아기를 사랑하기 때문이지요. 자신과 아무 상관 없는 병든 노숙자가 용변 본 것을 손으로 빨기란 쉽지 않을 겁니다. 사랑하는 사이가 아니니까요. 그런데 진심으로 봉사하는 사람들은 노숙자의 용변을 받는 일도 가능할지 모릅니다. 그 봉사자는 보편적 사랑을 실천할 수 있는 성숙한 사람인 것입니다. 이처럼 사랑은 불가능해 보이는 일도 가능하게 변화시킵니다. 예를 하나 더 들어 볼까요? 여러분은 제가 입에서 뱉어 낸 것을 받아먹을 수 있습니까? 물론 그럴 수 없지요. 하지만 제 자식이 뱉어 낸 것은 그냥 받아먹지 않나요? 그 정도는 희생도 아니고 지저분하거나 힘든 일도 아닌 까닭은 자식을 사랑하기 때문일 것입니다.

하느님을 만나 친교를 이루고 사랑하게 되면 그분이 원하는 일이 무엇인지를 찾아서 하게 됩니다. 세상의 눈으로 볼 때 힘들고 어려운 일일망정 그분을 사랑하게 되면 더 이상 어려운 일이 아닙니다.

마더 데레사에 관해 잘 알려진 일화가 있지요. 데레사 수녀를 따르는 사랑의 선교회 수녀들은 죽어 가는 이들과 환자들을 씻기고 보살피고 빨래하는 일 같은 육체노동에 많은 시간을 할애하다 보니 하루 여러 차례 있는 기도 시간이 방해가 될 지경이었다고 합니다. 어느 날 수녀들은 마더 데레사에게 청을 드렸습니다.

"수녀님, 기도 시간을 좀 줄여 주세요. 그 시간이면 일을 더 많이 할 수 있을 텐데요."

마더 데레사는 이렇게 대답하셨다고 합니다.

"그러세요? 그럼 기도 시간을 두 배로 늘리세요."

하느님은 사랑이시니 기도를 통해 하느님을 만나면 우리는 사랑으로 가득 차게 됩니다. 그러면 힘든 일도 더 이상 힘들지 않게 되지요. 자신의 능력으로 못하는 것이라면 이렇게 하느님께서 하시도록 하면 됩니다. 하느님은 사랑이시라고 우리는 고백합니다. 그렇다면 하느님을 만나는 것은 곧 사랑을 만나는 것이고, 그 사랑으로 변화될 때 우리는 기도의 결실을 얻게 됩니다.

기도는 전통적으로 여러 단계로 설명되었습니다. 우선 '구송(염경)기도'를 들 수 있습니다. '묵주기도'나 '주님의 기도'처럼 기도문을 외우는 기도, 일방적으로 내가 말하는 청원기도가 여기 속하지요. 그다음 단계가 '묵상기도'입니다. 이 단계에서 기도는 더 이상 말하는 기도가 아니라 마음으로 듣는 기도입니다. 우리의 이성이나 상상력을 동원하여 하느님의 말씀을 알아듣는 것이지요. 이 단계까지는 내가 준비만 잘하면 훌륭한 기도가 이루어집니다. 그다음 단계는 '관상기도'인데, 이 단계부터는 내가 아무리 준비를 잘해도 주님께서 허락하셔야 기도가 가능합니다. 관상기도는 나의 오관을 활용하여 말씀의 상황 속으로 들어가는 기도입니다. 그러면 실제로 어떤 느낌이 주어지고 그 느낌 안에서 깨달음이 일어나기도 합니다. 그다음은 '탈혼' 단계이며 주로 성인들의 기도 체험에서 나타납니다. 그리고 마지막 단계가 '일치의 기도'입니다. 하느님과 나 사이에 경계가 사라지는 순간입니다.

각각의 기도 단계는 반드시 순서를 따르지는 않습니다. 묵상을 하다가 관상으로 넘어가거나, 관상 중에 묵상이 이루어지기도 합니다. 또한 묵상이나 관상 중에 구송기도를 할 수도 있겠지요. 기도의 단계적 구분은 다만 설명하기 좋아하는 사람들이 만들어 놓은 것이라는 생각이 듭니다. 여하튼 이런 구분을 근거로 보면 신자들 대부분의 기도는 구송(염경)기도의 수준에 머물러 있는 듯합니다. 그래서 이제부터 그 단계를 넘어 묵상기도와 관상기도를 해 보자는 것입니다. 묵상·관상기도는 우리를 주님과 더 깊이 만나게 도와줄 것입니다. 묵상기도는 대화이며 주로 마음으로 듣는 기도입니다. 그러니 지금부터는 사랑이신 하느님을 어떻게 만나 어떻게 듣고 대화할 것인지에 관해 말씀드리겠습니다. 하느님을 만나는 길은 여러 가지이지만 우리는 여기서 말씀을 통해 그분을 만나고, 그 말씀을 듣는 법을 배우고 훈련하게 될 것입니다. 이것이 묵상이며, 묵상에는 내적 침묵이 필수입니다.

2. 침묵

우리 삶에는 두 방향이 있습니다. 하나는 '밖으로 향하는 여정'Journey Out이고 또 하나는 '내면으로 향하는 여정'

Journey In입니다. 젊을 때는 보통 밖을 향한 여정을 걷다가 나이가 들면 비로소 내면을 향하게 됩니다. 물론 젊은 시절부터 내면을 향한 여정을 걷는 사람들 — 신학생이나 수도자 같은 사람들이 있기는 하지요. 하지만 대개 젊을 때는 사람도 만나야 하고, 일하면서 돈도 벌어야 하고, 번 돈으로 즐기기도 하면서 밖을 향한 삶을 살아가기 바쁩니다. 그렇게 이것저것 다 해 보다가 나이가 들면서부터 '나는 누구인가', '삶은 무엇인가', '어떻게 살아야 잘 사는 것인가', '인생의 종착점은 어디인가' 같은 질문을 던지며 자신의 삶을 돌이켜 봅니다. 이렇게 삶의 여정이 자신의 내면으로 방향이 잡히면 마음속에서 하느님을 만나기가 쉬워집니다. 다시 말해 밖을 향했던 마음을 안으로 돌릴 때 우리는 주님을 만나게 되는 것이지요. 마음을 안으로 향하기 위해서는 침묵이 필수적인데, 이 침묵은 소침묵과 대침묵으로 나눌 수 있습니다.

소침묵은 의사소통에 꼭 필요한 말을 제외하고는 일체 소리를 내지 않는 침묵을 말합니다. 그런데 겉으로는 조용해도 속은 무진장 소란한 경우가 있습니다. 소침묵을 유지하고는 있지만 대침묵이 깨진 상태라고 할 수 있겠지요. 가령 강의를 들을 때 우리는 소침묵 상태이지만 강의 내내 집중하기는 매우 어렵습니다. 가끔씩 생각이 달아나기도

하지요. 자매님들 같은 경우 피정 강의를 듣다가도 가스는 잠그고 왔는지, 아이들은 학교에서 돌아왔는지, 자기가 없는 동안 아이들이 또 컴퓨터 게임에 빠져 있지나 않은지, 온갖 상념이 지나갈 겁니다. 이것이 바로 겉은 조용해도 내부가 소란한 경우랍니다.

반면에 대침묵은 여하한 잡념이 없는 상태, 즉 겉만 아니라 속까지도 고요한 상태를 말합니다. 그런데 고요한 상태만으로 충분하지 않고 오로지 마음이 주님을 향해 있어야 합니다. 대침묵을 통해 오직 주님만을 의식하고 있으려면 반드시 소침묵이 선행되어야 합니다. 피정이란 '피세정념'避世靜念을 줄인 말로, 세상을 피해 마음을 고요히 하는 것을 뜻합니다. 그런데 몸은 비록 세상을 피해 왔어도 마음은 아직 세상에 두고 있는 경우가 많지요. 잠시나마 세상을 잊고 피정을 통해 하느님을 깊이 만나기 위해서 우선 마음을 고요히 해야 합니다. 따라서 피정을 할 때는 대침묵을 지키는 것이 피정의 효과를 극대화할 수 있는 방법입니다.

일반적으로 본당에서 전 신자를 대상으로 이루어지는 피정은 대침묵이 불가능합니다. 일단 인원이 많으면 침묵을 지키면서 하느님을 깊게 만나고 체험하기가 힘들어지지요. 피정이라는 명목으로 많은 신자가 모여 강의 듣다가, 쉬는 시간에 삼삼오오 모여 수다 떨고, 다 같이 노래 몇 곡 부르는 피정은 피정의 본디 의미를 무색하게 합니다. 이런 경우는 차라리 '전 신자 피정'이라는 말 대신 '전 신자 재교육'이라고 부르는 편이 합당할 듯합니다. 피정에는 반드시 침묵이 수반되어야 합니다. 특히 대침묵은 피정에 대단히 유익하므로 대침묵을 유지하도록 노력을 기울여야 합니다. 내가 걱정하지 않아도 세상은 잘 돌아갈 테니, 피정 중에는 세상 걱정을 모두 내려놓고 피정에만 전념하시기 바랍니다.

3. 몸의 준비

세상 근심 걱정과 상념을 모두 내려놓았다면 이제는 어떻게 마음을 모아 고요히 할 것인지 생각해 보겠습니다.

마음을 모으기 위해서는 우선 몸가짐이 중요합니다. 몸과 마음은 서로 연결되어 있어서 몸이 흐트러지면 마음도 흐트러지기 쉽습니다. 그래서 옛 선비들은 자기 수양을 위해서 조심操心뿐 아니라 조신操身을 함께 강조하곤 했지요. 다시 말해 마음의 준비와 몸의 준비가 묵상기도의 기본자세인 셈입니다. 그럼 몸의 준비를 먼저 설명하겠습니다.

효과적인 묵상을 위하여 몸의 준비는 마음의 준비 못지

않게 중요합니다. 하느님의 은총을 오렌지 주스에, 우리 몸을 주스를 담는 컵에 비유해 볼까요? 하느님께서 주스를 부어 주시는데 컵을 마구 흔들면 은총을 담기가 어렵겠지요. 컵을 가만히 두어야 오렌지 주스를 잘 따를 수 있듯이 몸가짐을 가지런히 하면 그만큼 은총을 잘 담을 수 있습니다. 몸을 잘 준비하기 위하여 몇 가지 제안을 하겠습니다.

먼저 몸을 가장 편안한 상태로 두어야 합니다. 가부좌가 편하면 가부좌를 하고, 의자가 편하면 의자에 편안히 앉습니다. 이때 몸의 상태는 직각을 이루어야 하는데 이유는 곧 설명하겠습니다. 우선 몸을 직각으로 꼿꼿이 세우고, 손바닥은 위를 향하게 손등을 무릎에 올려놓습니다. 어깨 힘을 완전히 빼고 몸의 긴장을 풉니다. 턱을 앞으로 내밀면 몸이 직각이 되지 않고 잠이 올지 모르니 턱은 조금 당겨서 몸을 직각으로 만들고 약간의 긴장을 턱에만 둡니다.

왜 몸이 직각이어야 하는지 설명해 드리지요. 어떤 관상가는 다리와 몸통이 직각을 이루는 상태라야 직관을 가장 잘 활용할 수 있다고 주장합니다. 그 예로 동물의 몸 구조를 듭니다. 모든 동물은 다리와 몸이 직각 상태이기 때문에 이성보다는 직관을 활용해서 살아간다는 것이지요. 살아가는 방법이나 새끼를 낳아 기르는 방법을 따로 배우지 않고도 직관으로 안다고 합니다. 인간이 허리를 펴고 직립하면서부터 이성이 들어왔다고도 말합니다. 그런데 관상과 묵상은 이성보다는 직관을 활용해야 합니다. 하느님의 진리는 인간의 이성으로 모두 파악할 수 없기 때문이지요. 묵상이나 관상에서는 이성보다 직관을 활용해야 하므로 가능하면 몸을 직각으로 두는 것이 좋습니다. 몸을 직각으로 두는 것과 직관 활용의 상관관계는 사실 검증해 볼 필요가 있지만 제 경험으로 미루어 분명 효과가 있다고 말씀 드릴 수 있습니다.

의자 등받이는 대부분 뒤로 약간 기울어져 있습니다. 여기에 등을 붙이고 앉으면 몸을 직각으로 유지할 수 없겠지요. 이때는 의자의 등받이에서 등을 떼야 합니다. 가부좌를 하고 있다면 별문제 없을 테지요. 이렇게 일단 몸을 직각 상태로 만들었다면 묵상 중에는 가급적 움직이지 않는 것이 좋습니다. 성경을 넘겨야 할 때처럼 꼭 필요한 움직임을 제외하고는 처음 자세 그대로 유지하는 것이 좋습니다.

이 상태로 한 시간을 채우도록 합시다. 한 시간을 꼼짝하지 않고 앉아 있자면 얼굴에 뭐가 슬금슬금 기어가는 듯한 느낌이 들지 모릅니다. 실은 얼굴에 아무것도 없는데도 그런 느낌이 들기도 합니다. 밖을 향한 마음이 안으로 들어오는 신호라고 혹자는 이야기하는데, 얼굴을 긁는다든지 몸을 움직이면 안으로 들어오던 마음이 다시 밖으로 달아난다고 합니다. 그러므로 어떤 느낌이 오더라도 그냥 무시해 버리도록 합시다. 그러면 나중에는 더 이상 아무 느낌도 들지 않고 마음이 고요해집니다.

4. 마음의 준비

마음을 준비하려면 열정과 의향이 있어야 합니다. 말씀을 통해 간절히 주님을 만나려는 열정을 가지고 주님께서 내 마음을 움직여 주시도록 바라는 마음을 가져야 합니다. 그런 다음 내가 묵상하려는 말씀을 통해 주님께서 무엇을 내게 들려주려 하시는지 경청할 의향을 품습니다. 열정과 의향이 있어도 분심과 잡념으로 마음이 흩어지기도 합니다. 온갖 분심과 잡념을 떨쳐 버리는 것도 마음의 준비라 할 수 있습니다.

분심·잡념을 이기는 여러 방법 가운데 무시하는 방법이 있습니다. 어떤 분심·잡념이 들어와도 그냥 무시해 버리는 겁니다. 누가 자꾸 장난을 걸어올 때 무시해 버리면 재미가 없어 그만둘 것이고, 반응을 보이면 더욱 신이 나

장난이 심해질 겁니다. 악의 세력은 우리가 하느님과 가까워지는 것을 싫어하기 때문에 기도할 때 우리를 방해하기도 합니다. 그럴 때는 그냥 무시해 버려야 제 풀에 지쳐 장난을 그만두게 됩니다. 무시하는 방법 외에도 적극적으로 분심·잡념을 쫓아내는 방법이 있습니다. 바로 집중하는 것이지요.

사람이 어느 한곳에 집중하면 다른 감각은 대개 무뎌지거나 사라집니다. 몸의 특정 부분에 집중하면 다른 감각들은 사라지게 되는데, 이때 집중하고 있는 것마저 놓아 버리면 마음은 완전히 비워지고 그 마음 안에 말씀이 들어오게 됩니다. 관상가들은 한곳에 집중하는 방법을 여럿 제시합니다. 저는 주로 호흡법을 쓰는데 매우 효과적인 방법이라 여러분께 권합니다.

따라 해 보세요. 눈을 감고 천천히 코로 숨을 쉽니다. 숨을 쉴 때 코에서 나오는 바람이 인중(코와 윗입술 사이)을 스치는 것을 느껴 보세요. 내쉴 때는 인중에 따뜻한 기운을 느낄 것입니다. 들이마실 때는 반대로 차가운 기운이 인중에 느껴질 겁니다. 따뜻한 기운과 찬 기운을 번갈아 느끼면서 인중에만 집중합니다. 들이마실 때는 성령께서 내 안에 들어오신다는 느낌으로, 내쉴 때는 내 안의 온갖 죄의 더러움과 오욕五慾(재욕, 색욕, 식욕, 명예욕, 수면욕)이 밖으로 나간다는 느낌으로 인중에만 집중합니다. 거듭 집중하다 보면 어느 틈엔가 아무 생각 없이 마음이 고요해지는데, 이때를 잠심에 들어갔다고 표현합니다. 이제 마음의 준비가 끝났습니다. 그러면 천천히 눈을 뜨고 말씀을 읽어 나갑니다. 특정 구절이나 내용이 마음에 와 닿거나, 말씀과 연관하여 어떤 생각이 떠오를 겁니다. 마음에 와 닿는 구절에 충분하다고 느껴질 만큼 머물러 있으면 뭔가 깨달음이 주어집니다. 그 말씀으로 인해 어떤 생각이 떠오르면 그 생각을 따라갑니다. 그러다 보면 무엇인가를 깨닫게 되는데, 이것이 바로 마음을 통해서 말씀을 듣는 것입니다.

한 가지 덧붙이면, 기도 장소는 가장 쾌적하고 편안한 환경이어야 합니다. 극기하려는 마음에 기도 장소를 춥게 두거나, 전기를 절약한다고 한여름에 냉방을 하지 않는 것은 어리석은 짓입니다. 몸이 편안해야 마음도 편안하고, 이렇게 편안한 몸과 마음에서 하느님을 더 잘 만날 수 있는 것입니다. 하느님을 깊이 만나는 것보다 더 중요한 것은 없다고 저는 생각합니다. 따라서 하느님을 만나는 데 도움이 되는 것이라면 무엇이든 받아들여야 합니다. 이제 묵상 방법을 구체적으로 설명하겠습니다. 지금까지의 내용을 염두에 두고 따라 해 보십시오.

5. 묵상 순서

1) 도입과 시작기도

먼저 묵상 장소를 정합니다. 성체가 모셔진 경당이나 성체조배방, 성당이 좋겠지만 그 밖의 장소라면 촛불을 미리 켜 놓고 자리를 준비해 둡니다. 먼저 성호를 긋고 하느님의 영(성령)을 마음에 초대합니다. 영을 초대하는 기도를 형식에 구애받지 않고 자유롭게 바칩니다. 예를 들면 이렇게 기도할 수 있습니다.

"주님, 제가 당신 앞에 와 있사오니, 제 정성을 보시고 어서 제 마음 안으로 들어오소서. 제 마음을 움직여 주시고 필요한 은총을 허락하소서. 주님, 어서 오소서."

이처럼 마음에서 우러나오는 대로 말씀드리듯이 기도하면 됩니다. 참고로 이냐시오 영신수련에서는 전통적으로 다음과 같은 기도로 시작하기도 합니다.

"주 우리 하느님, 저의 모든 행위와 의향과 작업이 당신을 찬미하고 섬기는 데 쓰이도록 은총을 베풀어 주소서."

2) 자리에 앉기

시작기도가 끝나면 자리에 앉습니다. 묵상할 성경 부분을 미리 펴 놓고, 기도 시간을 확인하기 쉽도록 시계도 앞에 놓습니다. 몸의 긴장을 풀고, 앞에서 말한 것처럼 몸을 수직으로 만들고 손을 편안히 무릎에 올립니다. 그리고 눈을 감습니다.

3) 집중

앞서 설명한 대로 숨을 천천히 쉬면서 집중합니다. 집중이 잘될 때도 있고 안 될 때도 있을 것입니다. 사람이나 상황에 따라 마음이 모아지는 시간이 다 다릅니다. 자기가 생각하기에 이만하면 분심·잡념이 안 든다 싶으면 가만히 눈을 뜨고 성경을 읽기 시작합니다. 혹시 묵상 중에 잡념이 들어오면 다시 호흡을 통해 집중하고 나서 묵상으로 들어가면 됩니다.

4) 묵상

묵상할 말씀을 천천히 읽어 내려갑니다. 마음에 와 닿는 구절이 있을 것입니다. 설령 와 닿는 내용이 없더라도 주어진 성경 안에서만 반복하여 읽습니다. 와 닿는 부분이 있으면 거기에 충분히 머뭅니다. 마음의 움직임에 충실하면 됩니다. 눈물이 나면 울고, 웃음이 나면 웃고, 기쁨이 느껴지면 기쁨을 느끼세요. 분석하려 들지 말고 마음의 움직임에 그저 머물러 계시면 됩니다. 말씀에서 어떤 생각이 떠오르면 생각을 따라갑니다. 그것이 잡념인지 묵상인지 구별하기 위해서는 그 생각이 말씀 안에 수렴되는지, 아니면 말씀과 아무 상관 없이 떠돌아다니는지를 알아차려야 합니다. 말씀과 상관 있으면 생각을 따라가되 아니거든 생각을 멈추고 말씀으로 되돌아가서 거듭 읽도록 합시다.

시간이 한참 지나도록 아무 생각이나 느낌이 없더라도 꾸준히 반복하여 말씀을 읽으세요. 실제로 한 시간이 다 되도록 아무 생각이나 느낌이 안 떠오를 때도 있습니다. 그렇다고 억지로 생각을 짜낸다면 그것은 묵상이 아니라 내 생각에 빠지는 것입니다. 그래서 묵상은 수동적이어야 한다고 말합니다. 주어지면 받고 안 주어지면 다음 기회를 기다리는 수밖에 없습니다. 묵상기도는 내가 하는 것이 아니라 주님께서 해 주시는 것입니다. 나는 준비만 할 뿐이지요. 이렇게 해서 한 시간을 온전히 채우도록 합시다.

묵상이 잘되면 한 시간이 무척 짧게 느껴질 겁니다. 수업 시간에 선생님의 강의가 재미있으면 시간 가는 줄 모르지만, 재미없으면 5분이 한 시간처럼 길고 지루하게 느껴지는 것과 같습니다. 묵상이 잘될 때는 한 시간이 후딱 지나가 시간이 부족하다고 느낄 수도 있지만 그렇더라도 거기서 중단해야 합니다. 더 하고 싶은 것도 유혹입니다. 악마는 하느님의 모습으로 나타나기도 하는 법이니까요. 반대로 묵상 중에 별 느낌이 없고 아무 생각도 안 떠올라서 시간이 길게 느껴져도 한 시간은 꼭 채워야 합니다. 선은 반드시 악을 이기기 때문에 마지막 몇 분을 남겨 놓고 뭔가 떠오르는 경우도 있답니다. 몇 분 남겨 놓고 중단하면 마지막 순간에 떠오를 수도 있는 느낌을 놓치고 맙니다. 그러므로 한 시간을 채우도록 노력하고, 혹시 자기도 모르게 한 시간이 넘어가도 거기서 그냥 끝내야 합니다. 그렇다고 시간 지키는 데만 신경 쓰다 보면 묵상을 깊이 못하겠지요. 한 시간을 기준으로 자연스럽게 마치면 됩니다.

혹시 아무것도 안 떠오른다고 해서 주어진 성경 구절의 앞뒤를 뒤적이지 마시고 주어진 구절에만 머무르세요. 한 시간이 넘도록 떠오르는 것이 없더라도 가만히 그 구절에 머물러 계세요. 여기저기 기웃거리거나 주어진 말씀의 앞뒤를 읽는다고 묵상이 더 잘되는 것은 아닙니다. 되는 날도 있고 안 되는 날도 있다는 사실을 받아들여야 합니다. 묵상기도는 수동적인 기도라고 말씀드렸지요? 주시는 대로 받으면 되는 것입니다.

5) 담화

한 시간을 채우고 나면 묵상 내용에 따라서 자유롭게 주님과 짧은 담화를 나눕니다. 받은 은혜에 감사할 수 있고,

넋두리를 해도 좋습니다. 별 느낌이나 성과가 없을 때는 다음 묵상을 위해서 특별한 은총을 청원할 수도 있습니다. 주님이 내 앞에 계시기라도 한 것처럼 다정한 친구에게 말하듯이 이야기를 건네면 됩니다.

6) '주님의 기도'로 마무리

담화가 끝나면 '주님의 기도'를 바치며 묵상을 마무리합니다.

7) 정리

기도 장소를 떠나 묵상 내용을 정리합니다. 이때 새로운 생각이 다시 떠오르면서 기도의 내용을 한층 분명히 해 주기도 합니다. 따라서 이 정리 부분은 무시할 수 없는 중요한 단계라 하겠습니다.

6. 효과적인 묵상을 위하여

앞서 말했듯이 묵상을 효과적으로 하기 위해 다음과 같은 준비가 필요합니다. 첫째, 반드시 대침묵을 지켜야 합니다. 둘째, 한 시간을 채우도록 합시다. 셋째, 분심은 무시하면 달아납니다. 분심·잡념은 항상 달콤하게 다가오기 때문에 빠져들기 쉽습니다. 그러나 분심·잡념을 즐기면서는 아무것도 얻을 수 없습니다. 넷째, 묵상을 통해 무엇을 얻으려는 목표를 세우지 말아야 합니다. 자칫 묵상이 아니라 자기 합리화나 자기만족으로 끝나 버릴 수 있기 때문이지요. 자신에게 어떤 은총이 필요하다는 생각이 들더라도 주님께서는 다른 은총을 주실 수도 있으니 자기를 비워 두어야 합니다. 무엇인가를 움켜쥐고 있는 한 주님께서 주시려 해도 받을 수가 없습니다. 내가 놓아야 그 손에 뭔가를 쥐여 주시는 법입니다. 그렇게 비운 다음에 주시는 대로 받는 것이 기도입니다.

마지막으로, 성경 말씀에 대한 선입견을 버리고 있는 그대로 받아들여야 합니다. '되찾은 아들의 비유'(루카 15,11-32)에서 우리는 대체로 아버지의 무조건적 사랑을 떠올리지요. 맞는 생각입니다만 그 선입견에만 사로잡혀 있으면 정작 필요한 은총을 놓칠 수도 있습니다. 작은아들의 입장이 마음에 와 닿기도 하고 큰아들의 입장이 공감되기도 할 것입니다. 죄의 뿌리가 무엇인지 떠오를 수도 있겠지요. 어떤 생각이 올라올지는 아무도 모릅니다. 우리에게 어떤 은총이 필요한지는 하느님만 아시기 때문입니다. 그때그때 필요한 은총이 다르기 때문에 같은 복음 말씀일지라도 묵상할 때마다 달리 느껴질 수도 있습니다. 그래서 말씀은 살아 계시다고 말하는 것이지요.

  이 같은 설명만으로는 부족하기 때문에 직접 해 봐야 합니다. 기도는 하면서 배우는 것입니다. 신앙은 머리가 아니라 몸으로 배우는 것입니다. 그럼 이제 실제로 묵상기도를 해 봅시다.

둘째 강의

1. 자유에 대한 갈망

「빠삐용」이라는 영화는 볼 때마다 저를 눈물짓게 합니다. 이 영화를 처음 본 것은 고등학생이던 무렵 '명화극장'이라는 텔레비전 프로그램에서였는데, 그 이후로도 볼 때마다 눈물을 훔치지 않은 적이 없습니다. 자유에 대한 인간의 끝없는 갈망과 추구가 저에게 투사되어 제 마음을 마구 뒤흔들어 놓았기 때문입니다.

저의 선친은 자수성가하신 대단히 강직한 분이셨습니다. 일제강점기에 고산이라는 곳에서 태어나신 선친은 경제적 어려움으로 학업을 이어 가지 못하셨습니다. 집성촌을 이루고 살던 고산에서 온 문중이 독립운동에 가담하면서 가산을 탕진하여 생활이 궁핍해진 까닭이지요. 당시 한학을 익히시던 선친께서는 신식 학교로 옮기셨지만 역시 경제적 사정으로 중학교 2학년을 중퇴하고 검정고시를 통해 대학까지 혼자 힘으로 마치셨습니다. 거기에다가 큰아버지가 일찍 돌아가신 큰집을 부양하고, 작은아버지를 대학에 보내고, 여동생들을 시집보내고, 저희 3남 2녀까지 모두 대학에 보내셨습니다. 이렇게 이루신 것이 많은 만큼 잃은 것도 컸습니다. 경제적으로 어려운 환경이 아버지를 강하게 만들기도 했겠지만 아버지 자체도 강하셨기 때문에 그 어려운 환경을 극복하셨을 것입니다. 하지만 아버지가 강하면 강할수록 주위 사람들은 그로 인해 상처를 입곤 했습니다. 저 역시 크고 작은 상처를 많이 입었지만 여기서 밝히지는 않으렵니다.

아버지의 외골수적인 교육 방침으로 줄곧 상처 속에 성장한 저는 아주 어린 시절부터 아버지로부터의 독립을 꿈꿔 왔습니다. 학생 시절에도 아버지에게 종속된 자식이기보다는 독립된 인격체로 존중받기를 갈망했습니다. 그러다 보니 아버지에 대한 종속으로부터의 독립, 아버지의 통제와 구속으로부터의 자유를 갈망하며 어린 시절을 보냈습니다. 자유에 대한 그 같은 끝없는 갈망이 빠삐용에 전이되어 그 영화를 볼 때마다 눈물을 흘렸던 것 같습니다.

자유를 향한 저의 갈망은 이렇듯 어려서부터 시작되었습니다.

　자유에 대한 갈망이 없으면 자유로움을 누릴 수 있는 은총도 주어지지 않습니다. 우리는 마르코복음 5장에 나오는 하혈하는 여인의 기적 이야기를 기억합니다. 그 여인은 12년 동안 앓았습니다. 결코 짧지 않은 기간이지요. 아마 용하다는 의사는 다 찾아봤을 것이고 더 이상 할 수 있는 일이 없어 자포자기 상태였을지도 모릅니다. 여인은 오랜 세월 하혈해 온 육체로부터 자유롭지 못했고 영혼도 피폐한 상태였을 겁니다. 그러다가 예수님의 소문을 듣고 혹시 그분의 옷에 손이 닿기라도 한다면 병이 나을지도 모른다고 생각하게 된 것입니다. 그런데 예수님께 접근하기가 여간 힘들지 않았을 겁니다. 그분은 수많은 사람들에게 둘러싸여 계셨으니까요. 그러나 예수님의 옷이라도 만지고 싶은 간절한 바람이 있었기 때문에 여인은 불편한 몸을 무릅쓰고 군중 틈바구니를 비집고 들어가 마침내 예수님의 옷자락에 손을 댑니다. 많은 사람들이 예수님을 에워싸면서 밀치거나 끌어당기는 상황에서 예수님은 그녀가 당신 옷에 손을 댄 사실을 어떻게 알아차리셨을까요? "누가 내 옷에 손을 대었느냐?"(마르 5,30) 하고 그분이 물으시자 제자들은 의아해합니다. 그래서 "보시다시피 군중이 스승님을 밀쳐 대는데 '누가 나에게 손을 대었느냐?'고 물으십니까?"(5,31)라고 반문합니다. 그러나 예수님은 알고 계셨습니다. 여인의 절실한 갈망을 그분이 모르셨을 리 없지요. 그 간절한 마음을 알아차리신 예수님께서는 마침내 여인을 육체의 굴레에서 해방시키십니다.

갈망해야 합니다. 나를 자유롭지 못하게 하는 그 무엇으로부터 해방되도록 간절히 바라야 합니다. 그래서 하느님으로부터 부여받은 그 소중한 자유의 은총이 내 안에서 살아나도록 해야 합니다.

우리는 자유롭게 살 권리가 있습니다. 그렇지 않으면 우리의 영혼이 병들기 시작하고 그 병이 깊으면 죽음에 이르게 될지도 모릅니다. 마르코복음의 하혈하는 부인의 기적 이야기에서 우리는 한 여인의 간절함을 볼 수 있습니다. 치유되고자 하는 갈망이 없었다면 그 많은 군중을 뚫고 어떻게 예수님에게 접근할 수 있었을까요? 간절한 바람이 없었으면 어떻게 가까스로 손을 뻗어 어렵사리 예수님 옷에 손을 댈 수 있었을까요? 여인에게 치유되고자 하는 갈망이 없었다면 아마도 평생을 부자유스러운 몸을 이끌고 살았을지 모릅니다.

사실 자유롭고 싶다는 갈망이 없는 분들이 의외로 많습니다. 자기 연민으로 허우적대며 거기서 빠져나오고 싶지 않은 사람들, 부자유스러움에 너무나 익숙해져서 그 자리에 안주하고 싶은 사람들도 있겠지요. 자신의 부자유스러운 삶을 자각하지 못하는 사람도 있겠고, 팔자이겠거니 하며 체념하는 사람도 있을 것입니다. 그러한 이들은 자신에게 주어진 은총을 거부하는 셈이 되겠지요.

안타깝게도 우리는 간혹 자유를 거부하기도 합니다. 자기 연민에 빠져 부자유 속에 그대로 머물러 있으려는 경우인데, 요한복음의 벳자타 못 가에서 일어난 기적 이야기(요한 5,1-9)에 이 모습이 잘 드러나 있습니다. 벳자타 못 가에는 많은 병자들이 누워 있었습니다. 눈이 멀고, 다리를 절고, 팔다리가 말라비틀어진 이들은 자유롭지 못한 사람들입니다. 그중에는 서른여덟 해나 앓아 온 사람도 있었습니다. 열두 해를 앓은 하혈하는 여인과는 비교도 안 될 정도로 거의 한평생을 부자유 속에 살아온 겁니다. 그에게 예수님께서 "건강해지고 싶으냐?" 하고 물으십니다. 저 같으면 바로 "예"라고 답했을 것 같습니다. 그런데 그 사람은 즉답을 피하고 말을 돌립니다. "저를 물에 넣어 줄 사람이 없습니다." 다른 사람을 탓하면서, 자신이 치유될 수 없는 이유가 스스로에게 있다는 사실을 깨닫지 못합니다.

어쩌면 자신의 상태를 개선하고 싶은 어떠한 의욕이나 의지도 없었는지 모릅니다. 자유롭고 싶다는 갈망도 없고 그저 자기 연민 속에 머물고 싶은 것처럼 보입니다. 그러면서도 남을 탓하고 있네요. 그러한 사람에게 예수님께서 말씀하십니다. "일어나 네 들것을 들고 걸어가거라." 병이 나으라고 명령한 것도 아니고 단순히 걸어가라고만 하십니다. 이 말씀은 병으로부터 자유롭고자 하는 열망과 개선하려는 의지를 불어넣으시는 말씀입니다. 그러자 그는 건강해져서 제 들것을 들고 걸어갈 수 있게 되었습니다. 어쩌면 그 사람은 그동안 자유로워질 수 있음을 저 스스로 거부하고, 치유를 회피하고 있었는지 모릅니다. 그 마음에는 자유로움에 대한 갈망도, 낫고 싶은 의지도 없었습니다. 어쩌면 이런 사람들이 우리 가운데 많이 있을 수 있으며, 저 역시 그중 하나일지 모릅니다. 그러나 결국 그 사람은 그러한 늪에서 빠져나와 자유를 얻었습니다. 예수님으로부터 용기를 얻은 덕분이지요.

종으로 지내면서 거기에 만족하고 살면 평생 종으로 남게 될 것입니다. 그러나 자유인이 되고자 하는 갈망이 있으면 언젠가는 꿈이 이루어진다는 사실을 「빠삐용」에서는 상징적으로 보여 줍니다. 영화에서 '드가'(더스틴 호프만)는 탈출이 불가능한 유배지인 섬에서 돼지를 키우며 현실에 안주함으로써 더 이상 자유를 추구하기를 포기합니다. 관객들은 드가가 그 섬에서 생을 마감할 것이라 생각하지요.

그러나 빠삐용(스티브 맥퀸)은 바닷물의 조류를 연구하며 섬을 탈출할 방법을 부단히 찾다가 마침내 자신이 재배한 당근을 담은 부대를 바다에 띄워 그것을 타고 섬을 탈출합니다. 탈출이 성공할 수 있을 것인지에 대한 보장도 없이 그는 먼 바다로 떠나가지요.

빠삐용이 무사히 탈출에 성공했는지 아니면 상어 밥이 되고 말았는지 알 수 없는 가운데, 영화는 그가 섬을 떠나는 장면으로 끝이 나면서 결말은 관객의 상상에 맡겨집니다. 그렇게 영화는 막을 내리면서 「바람과 같은 자유」Free as the wind라는 노래가 흘러나오지요. 노래가 흐르는 가운데 탈출 장면을 보고 있노라면 왠지 숙연해지면서, 자유를 향한 한 인간의 끝없는 추구가 얼마나 숭고하고 가치 있는 일인가를 느끼게 됩니다. 혹여 탈출에 성공하지 못해 바다에서 죽었을지라도 빠삐용은 이미 자유를 얻은 것입니다. 그토록 절실한 갈망만으로도 그는 이미 자유를 얻은 것이나 다름없습니다.

자유로움에 대한 갈망은 인간의 가장 기본적인 욕구 가운데 하나일 것입니다. 그러므로 인간은 누구나 자유롭게 살아야 합니다. 다시 말하지만 그것은 우리 모두의 권리입니다. 그것이 권리인 이유는 성경에 근거하고 있습니다. 천지창조 때 하느님께서는 인간을 창조하시어 자유를 주셨습니다. 인간은 동식물에도 자유로이 이름을 부여하면서 어떠한 간섭도 없이 즐겁게 살았습니다. 사람이 "그것들을 무엇이라 부르는지"(창세 2,19) 주님께서는 지켜보실 뿐이었지요. 그리고 창세기에서는 "사람이 생물 하나하나를 부르는 그대로 그 이름이 되었다"(2,19)고 기록합니다. 하느님이 직접 이름을 지어 주신 것이 아니라 사람이 "하늘의 새와 모든 들짐승에게 이름을 붙여"(2,20) 주도록 하셨지요. 다시 말하면 이미 창세기에서부터 인간에게 자유를 허락하셨던 셈입니다. 뿐만 아니라 하느님께서는 금단의 열매를 두고도 아담과 하와가 그것을 따 먹는지 안 먹는지 감시하지 않으셨습니다. 따 먹든 안 따 먹든 그것은 아담에게 맡겨 놓으신 자유, 인간이라면 누구에게나 보장된 자유인 것이지요.

몇몇 예를 들었습니다만 태초에 인류가 생겨난 때부터 하느님께서도 허락하신 그 자유를 누구도 함부로 침해해서는 안 됩니다. 하느님으로부터 허용된 자유는 이와 같이 창세기에서 시작하여 구세사를 통하여 예수님 시대에까지 이어집니다. 그리고 예수님 시대뿐만 아니라 지금까지도 전해 오는 이 자유는 세상 끝 날까지 이어질 것입니다.

예수님께서도 우리 모두가 온갖 구속으로부터 자유로워지기를 바라셨습니다. 그리하여 "진리가 너희를 자유롭게 할 것이다"(요한 8,32)라고 말씀하십니다. 그 진리는 하느님을 아는 것이고 그분이 보내신 아드님을 믿는 것입니다. 이 말씀이 어렵게 들릴지 모르지만 깊이 묵상을 해 보면 그 의미를 깨닫게 됩니다.

하느님은 영원한 분이심을 아는 것이 중요합니다. 영원한 생명이 보장된다면, 금방 지나가고 말 이 세상에서 두려울 것도 못할 일도 없습니다. 그 영원한 삶을 얻는 길을 아드님이 이미 우리에게 보여 주셨으니, 그분을 믿고 같이 걸어가면 됩니다. 그런데 그것을 몰라서가 아니라 알고도 따르고 싶지 않은 경우가 많습니다. 따르지 않는 것조차도 개인에게 맡겨진 온전한 자유입니다. 주님께서는 우리를 자유로운 삶으로 초대하셨지만 그러한 초대에 응답하든 거부하든 온전히 우리의 자유이며 그 자유는 천지창조 때부터 우리 인간들 모두에게 주어진 것입니다. 이렇듯 자유는 인간에게 부여된 하느님의 은총입니다.

2. 은총으로서의 자유

얼마 전에 가회동 본당 관할 안에 있는 '스미스가 좋아하는 한옥'이라는 음식점을 축복하러 간 자리에서 아주 유명한 여성 연예인을 만났습니다. 가까이에서 보니 화보나 스크린에서보다 훨씬 예쁘더군요. 얼굴만 예쁜 줄 알았더니 마음씨도 고왔습니다. 저와는 몇 마디 주고받았을 뿐인데, 천주교 신자도 아닌 그분은 지갑에 있는 현금을 몽땅 털어 가회동 성당 건축 헌금으로 내놓은 것입니다.

각자 일행과 식사를 하는 도중, 저는 의아한 모습을 보았습니다. 그 연예인이 화장실을 가는데 매니저가 붙어서 따라가는 것이 아니겠습니까? 하지만 금세 이해가 갔습니다. 유명 연예인이라 언제 어디서든 일이 생기지 말란 보장이 없으니 보호 차원에서 당연히 화장실까지도 따라가야 하는 것이겠지요. 하지만 사생활이라고는 전혀 없어 보이는 모습에 참 안쓰럽다는 생각이 들었습니다. 과연 인기라는 것이 사람을 진정 행복하게 하는 것일까요? 누군가 화장실까지 저를 따라다니며 사생활을 구속받고 자유를 빼앗긴 채 살아가느니 차라리 인기 없는 자유인으로 살아가는 쪽을 택하렵니다. 자유롭게 살 수 있다는 사실만으로도 저에게는 충분한 은총이라고 생각합니다.

자유는 인류가 창조되면서부터 하느님께서 인간에게 베푸신 가장 큰 은총이었습니다. 하느님께서는 창조 때부터 인간의 자유를 절대 훼손하지 않으셨지요. 하느님께서 매사에 간섭하신다면 우리는 견디기 힘들 겁니다. 우리가 가야 할 길을 직접 다 보여 주시며 이리 가라 저리 가라, 이

것 해라 저것 해라, 이렇게 일일이 참견하고 간섭하시면 아마 우리는 "제발 제 마음대로 하게 내버려 두세요. 성가셔서 못살겠어요"라고 하소연하지 않을까요?

우리가 살아가는 데 직접 관여하지 않으시고 스스로 살아가도록 자유를 허락하신 것 자체가 우리를 향한 하느님 사랑의 표지이자 은총입니다. 극단적으로 말하자면 악을 선택하여 지옥에 가건, 선을 택하여 천국에 가건 그것은 우리의 자유입니다. 자유롭게 선택하고, 결정하고, 그에 따르는 책임을 스스로 져야 하는 것이지요. 그러므로 선을 행하든 악을 행하든 온전히 우리에게 맡겨진 자유입니다. 아무도 그것을 방해해서는 안 됩니다.

저는 새 신부 때 첫 본당에서 지독한 시집살이를 했습니다. 실은 발령받기 전에 기도를 했습니다. 시집살이를 덜 할 수 있는 곳으로 발령 내 주십사는 소박한 원의를 담아서요. 어느 본당이 좋고 나쁘고가 문제가 아니라 어느 주임신부의 보좌신부로 가느냐가 중요하다고 저는 생각했습니다. 군대에서 보직보다는 지휘관으로 누구를 만나느냐에 따라 군 생활이 편하고 고되고가 결정되는 것과 같은 원리겠지요. 그런데 그 당시에 모든 보좌신부가 피하고 싶어 하는 주임신부가 한 분 계셨습니다. 저도 예외가 아니어서 이렇게 기도했지요. "주님, 제발 그 신부님만 만나지 않게 해 주세요. 그러면 어떤 부임지든 다 받아들이겠습니다." 그런데 저의 기도와는 정반대로 결국 그 주임신부의 보좌로 발령이 났습니다. 하느님의 뜻은 가끔 인간의 계획을 무색하게 만들기도 하시지요.

당시 보좌신부 사이에서 가장 악명 높은 주임신부가 계신 첫 본당에서 임기 2년을 채우면서 저는 매운 시집살이를 했습니다. 그런데, 제아무리 시집살이를 시키고 잔소리를 하고 야단을 쳐도 다 수용하고 살겠다, 하지만 이것 하나만은 결코 양보할 수 없다, 건드리면 가만 있지 않겠다 하는 부분이 저에게도 하나 있었습니다. 그리고 다행스럽게도 제가 임기 2년을 다 채우고 떠날 때까지 그 부분만은 주임신부님이 결코 관여하지 않았으니, 그것은 바로 사제생활에 관한 저 개인의 태도와 신념이었습니다. 사제로서 잘못 살아서 지옥을 가도 내가 가는 것이고, 잘 살아서 천국을 가도 내가 가는 것이니 간섭하지 말라는 것이 그 당시 제 생각이었지요. 내 인생은 나의 것이라고 부르짖는 청소년의 절규처럼 저 역시 사제의 삶을 자유롭게 살아가고 그에 대해 스스로 책임질 자유를 간섭받고 싶지 않았던 것입니다. 그리고 그토록 악명 높던 주임신부도 그것만은 한 번도 간섭하지 않았습니다.

자유는 하느님께서 인간 누구에게나 주신 가장 소중한

선물 가운데 하나입니다. 우리의 육체뿐 아니라 영혼이 진정으로 자유로울 수 있다면 그 자체로 은총입니다. 육체의 구속뿐 아니라 영혼의 부자유 역시 창조 질서에 반대되는 것입니다. 우리 모두는 자유롭게 살도록 창조되었고 하느님께서도 이를 허용하셨기 때문입니다. 그렇다고 해서 그 자유가 우리를 언제나 행복으로만 이끄는 것은 아닙니다.

3. 은총에서 재앙으로

자유는 창세기부터 인간에게 주어진 은총이었으나 자유를 행사하는 인간으로 인해 재앙으로 둔갑하기도 합니다. 그러한 사례가 바로 창세기에 나오는 '낙원에서의 추방'입니다. 하느님께서는 인간에게 자유를 주셨지만, 그렇다고 해서 하느님으로부터 완전히 벗어나야 한다는 것을 의미하지는 않습니다. 삶의 주인은 하느님이십니다. 우리가 아무리 거창한 계획을 세우고, 계획을 수행할 수 있는 능력을 갖추고, 추진할 에너지가 넘쳐도, 하느님께서 허락하시지 않으면 아무것도 이룰 수 없습니다. 그래서 야고보 사도는 "도리어 여러분은 '주님께서 원하시면 우리가 살아서 이런저런 일을 할 것이다' 하고 말해야 합니다"(야고 4,15)라고 고백한 것입니다. 우리 가운데 삶을 단 하루라도 연장

할 능력이 있는 사람은 아무도 없습니다. 지금이라도 하느님께서 우리를 불러들이시면 꼼짝없이 따라가야 합니다. 그런데 우리는 자유의 이름으로 삶의 주도권을 쥐려고 하며 삶에서 마치 자신이 주인인 양 행세합니다. 그러나 하느님을 배제한 채 삶을 제 것으로 여겨 자유를 행사한다면 은총은 재앙으로 변할 수 있습니다. 그러한 예는 우리가 너무나 잘 알고 있는 '되찾은 아들의 비유'(루카 15,11-32)에서 잘 드러납니다.

루카복음의 되찾은 아들의 비유 말씀을 듣노라면, 인간이 제아무리 잘못을 저지를지라도 언제든 돌아오기를 바라시며, 실제로 돌아온 방탕한 아들을 무조건 받아들이시는 무한한 자비의 아버지 하느님을 우선 떠올리게 되지요. 그렇습니다. 우리가 아무리 하느님을 배반하거나 떠나갈지언정 마음을 돌이켜 돌아가기만 하면 언제든 받아 주시는 사랑의 하느님이 맞습니다. 하지만 이 비유는 하느님 사랑에만 초점이 맞춰져 있지 않습니다. 우리는 이 비유에서 죄의 뿌리가 무엇인지를 알아야 합니다.

작은아들은 재산을 탕진하고 아버지께 돌아와서 "아버지, 제가 하늘과 아버지께 죄를 지었습니다"(루카 15,18) 하고 고백합니다. 작은아들의 죄는 무엇일까요? 아버지가 주신 자기 몫으로 방탕하게 살다가 결국 전 재산을 탕진한 것이 죄일까요? 물론 그것도 잘한 일은 아니지만 죄의 핵심은 거기에 있지 않습니다. 그저 아버지께 죄를 지었다고 고백하면 될 것을 왜 하늘과 아버지께 죄를 지었다고 하며 굳이 하늘을 강조했을까요? 하늘에도 죄를 지었다면 그것은 죄의 뿌리, 즉 원죄를 가리키는 겁니다. 삶의 중심을 아버지에게서 자신에게로 가져간 것이 바로 원죄입니다. 자기 삶의 중심에 두어야 할 아버지를 배제한 채 제멋대로 살았던 것입니다. 다시 말하면 아버지를 떠난 것 자체가 죄이며 죄의 뿌리라는 것이지요.

아들의 존재 근거는 아버지입니다. 아버지를 배제하면 존재의 근거가 없어집니다. 마찬가지로 우리 존재의 근거는 하느님이십니다. 그러므로 내 존재의 근거를 부정하는 것, 다시 말해 하느님을 저버리는 것이 바로 죄입니다.

아버지를 떠나서 자신의 계획대로 살면 잘될 줄 알았겠지만 결국 어찌 되었습니까? 되찾은 아들의 비유에서 우리는 이렇게 죄의 뿌리가 무엇인지를 알아들어야 합니다. '하늘과 아버지'에 대한 작은아들의 속죄의 고백도 바로 이런 차원에서 이해해야 합니다.

그런데 이 비유 말씀에서 작은아들과 큰아들 중 더 불행한 삶을 산 사람은 누구일까요? 제 생각에는 큰아들이 더 불행하게 살아온 것 같습니다. 아버지에게서 받은 재산을 가지고 작은아들이 떠나갈 때 아버지는 아들의 자유를 구속하지 않았습니다. 제 몫을 챙겨 아버지를 떠나갈 때 작은아들은 신이 났을 겁니다. 돈이 떨어지고 마을에 기근이 들기 전까지만 해도 아버지에게 받은 재산을 펑펑 써 가며 즐겼을 테지요. 그러다가 막판에 인생이 꼬이면서 굶어 죽을 지경에 이르자 아버지를 찾아옵니다. 이렇게 되기 전까지만 해도 어쩌면 큰아들보다 더 행복했을지도 모릅니다. 모든 일이 잘될 줄 알았지만 아버지를 떠나온 삶의 결과는 비참했습니다. 하지만 이 지경에 이르기 전까지는 큰아들보다 행복했던 것이 사실입니다.

반면에 큰아들은 아버지와 같이 살면서 아버지를 위해서 죽도록 일만 했다고 생각합니다. "보십시오, 저는 여러 해 동안 종처럼 아버지를 섬기며"(루카 15,29)라고 말하듯이 스스로를 종으로 여기며 살아왔습니다. 이는 무슨 뜻일까요? 종은 제 몫의 소유는 물론이고 어떤 권리도 자유도 없이 죽도록 일만 하는 처지 아닙니까? 다시 말해 큰아들은 아버지와 같이 살면서도 자신을 아버지의 것과는 무관하게 받아들인 것입니다. 아버지의 것이 나의 것이라고 생각했다면 주인 의식을 가지고 흥이 나서 일을 하지 않았을까요? 하지만 "내 것이 다 네 것이다"(루카 15,31)라고 하신 아버지 말씀과는 다르게 자신의 것은 없다고 생각했으니, 주인 의식도 없이 그저 남의 일이나 하는 종으로 스스로를 여겼던 것이지요.

큰아들에게는 하인도 있었습니다. 하인 하나를 불러서 집 안 상황을 물어보지 않았습니까? 그러니 누구도 큰아들을 종이라 생각하지 않았을 텐데도 스스로 종으로 여기면서 자신을 구속했던 것입니다. 아버지의 일이 바로 자신의 일이기도 했으니 아버지의 집에 있으면서 종이 아닌 주인으로서 자유롭게 살아야 했습니다. 아버지가 자유를 구속한 것이 아니라 저 스스로 자유를 구속한 꼴이 되고 말았지요. 거기에 더해, 아버지를 벗어나고 싶어도 그럴 만한 용기가 큰아들에게는 없었는지 모릅니다.

아무런 자유도 없고 제 것도 아닌 일에 종처럼 혹사당했다고 생각하니 그런 지옥이 또 어디에 있겠습니까? 큰아들은 천국에 있으면서도 지옥을 살았던 모양입니다. 아우가 돌아와 아버지가 살진 송아지를 잡았다는 소식을 듣자 "화가 나서 들어가려고도 하지 않았다"(루카 15,28)고 합니다. 천국과 다름없다는 아버지 집인데도 스스로 들어가려 하지 않았다는 겁니다. 천국이 지옥처럼 느껴졌을 테니까요. 그리고 마침내 큰아들은 아버지에게 원망을 터뜨립니다. "아버지는 친구들과 즐기라고 염소 한 마리 주신 적이 없습니다"(루카 15,29). 아버지 것이 내 것인데 염소를 꼭 내줘야 잡나요? 아버지가 안 주셔도 자기가 그냥 염소를 잡으면 될 일입니다. "내 것이 네 것이다"라고 하셨으니 그 정도 자유는 아버지가 주신 것이지요. 자유는 아버지가 주시지 않아서가 아니라 자신이 누리지 못한 탓 아니겠습니까? 성경에는 큰아들이 집으로 들어갔는지 끝내 안 들어갔는지에 대해서는 나오지 않습니다.

이 말씀을 관상하는 동안 저는 큰아들의 삶이 작은아들의 삶보다 더 불행하게 느껴졌습니다. 모든 것이 마련된 천국 같은 아버지 집에서 마치 지옥을 산 듯하기 때문입니다. 아버지는 한 번도 자유를 구속한 적이 없었지만 큰아들 스스로 자유를 구속하며 살았던 것이지요. 이렇듯 자유가 구속된 삶은 지옥입니다.

이제 되찾은 아들의 비유에 관해서 마무리를 짓겠습니다. 아버지의 집에서 종처럼 일만 했다고 생각하는 지옥 같았던 삶은 큰아들에게 주어진 운명이 아니었습니다. 그러한 상황은 자신이 만든 것이고 극복 가능한 것이었지요. 어느 누구도 큰아들의 자유를 구속하지 않았지만 자기가 구속된 상황을 만드는 것처럼, 우리도 스스로 구속하는 어리석은 삶을 살아가는 것이 아닌지 묵상할 수 있는 좋은 비유입니다. 하느님께서도 허락하신 이 놀라운 자유의 은총은 각자에 따라서 재앙으로 바뀔 수도 있습니다.

  큰아들과는 달리 작은아들은 자유를 만끽했습니다. 작은아들이 누렸던 자유의 행사 그 자체가 나쁜 것은 아니었습니다. 다만 아버지를 떠난 것이 불행의 원인이 되었을 뿐이지요. 잘 살든 못 살든 삶의 길을 선택하는 것은 우리 몫입니다. 그 길을 선택할 자유는 은총으로 주어지는 것이고요. 그러나 하느님을 배제한 삶은 결국 은총을 재앙으로 둔갑시킬 가능성이 언제나 우리 앞에 열려 있습니다.

자유라는 관점에 주목하면서 다음 주제로 묵상하시기 바랍니다. 피정하시는 분들은 저녁에 아래 주제를 묵상하십시오.

> 요한 5,1-9; 벳자타 못 가에서 병자를 고치심
> 루카 15,11-32; 되찾은 아들

이 가운데 하나를 묵상하시되 방법은 첫째 강의를 참고하십시오. 그리고 기왕에 피정을 왔으니 내일 아침까지 묵상 하나로는 부족하다 생각되시면 하나를 더 골라서 하십시오. 그런데 각각 한 시간을 꼭 채우셔야 합니다.

  묵상하시고 나머지 시간은 산책을 하든지 묵주기도나

평소에 자신이 해 오던 기도를 바쳐도 좋습니다. 다음 묵상 시간 전에 빈 시간이 생기면 앞서 묵상한 내용을 되새김하거나 다음 묵상 주제를 미리 읽어 보는 것도 좋습니다. 주제와 무관한 책을 읽거나 남들과 대화를 나누는 일은 삼가시기 바랍니다. 대침묵이 깨져 마음이 흩어져 버리기 때문입니다.

피정에서는 되도록 침실을 벗어나 성당이나 성체조배방, 명상의 방에 머무르시기 바랍니다. 댁에서 혼자 묵상하실 때는 아무도 없는 시간을 택하여 성상이나 촛불 앞에 고요한 분위기를 만들어 놓고 묵상하는 것이 좋습니다. 자리를 준비하다 보면 마음도 더불어 준비될 것입니다.

셋째 강의

1. 자유란

하늘로부터 받은, 누구나 누려야 할 자유는 보통 '무엇을 할 수 있는 자유'Liberty for와 '무엇으로부터의 자유'Liberty from 이렇게 둘로 나뉩니다. 그중 '무엇을 할 수 있는 자유'에 관하여 많은 사람들이 이야기해 왔습니다. 언론, 집회, 결사의 자유와 같이 헌법이 보장한 자유의 경우는 수많은 사람들이 투쟁하고 희생하여 얻은 고귀한 자유입니다. 이러한 자유에 대해서는 많은 학자들과 선각자들이 다양한 이야기를 해 왔기 때문에 여기에서 또다시 다루는 것은 별 의미가 없습니다. 독자들 역시 그러한 사회적 문제보다는 영성적인 문제에 더 관심이 많을 것이라고 생각합니다. 여기서는 오늘날 자유의 이름으로 발생할 수 있는 윤리적 문제만 짧게 언급하고 싶습니다.

우리에게는 무엇이든지 할 수 있는 자유가 있습니다. 하지만 우리 인간이 동물과 다른 점이 있다면 인간에게는 바로 윤리와 도덕이 있다는 사실입니다. 이것이 무너지면 자유의 행사는 은총이 아니라 재앙이 되기도 합니다. 무엇이든지 할 수 있는 자유의 이름으로 강자는 약자를 억압하고 착취하거나 탄압할 수 있습니다. 예컨대 동물의 세계에 통용되는 약육강식 논리만 보더라도 이것이 무조건적이라고 볼 수만은 없습니다. 그런데 자본주의 세상에서는 동물과 분명한 차이가 있는 인간 사이에 이 논리를 적용하기도 하지요.

동물의 세계에서는 제아무리 사나운 맹수라 하더라도 필요한 만큼만 먹이로 취한다고 합니다. 일단 배가 부르면 옆에 약한 동물이 있다 하더라도 잡아먹지 않습니다. 필요한 만큼 이상은 취하지 않으니 약육강식의 논리가 무조건 통용되지는 않는 셈이지요. 그러나 인간의 욕망은 아홉 개 가진 사람이 한 개 가진 사람의 것을 빼앗아 열 개를 채우고 싶어 합니다. 이렇게 필요한 것 이상을 채우는 것이 인간들입니다. 이런 욕심은 인간에게나 있을 뿐 동물에게는 없습니다. 그런데도 인간은 약육강식이라는 말을 들먹여 스스로를 동물에 빗대는데 동물들이 이를 알면 섭섭해할 일입니다.

자유무역협정FTA이 제아무리 미사여구로 포장되어 있다 한들 제가 보기에 그 내용의 핵심은 결국 힘 있는 자가 별 제약 없이 약자의 먹이를 빼앗겠다는 것과 다름없어 보입니다. 특히 승자독식이라는 말로 표현될 수 있는 신자유주의의 물결은 돈 되는 일이라면 무엇이든지 할 수 있다는 태도입니다. 그러나 우리는 돈보다 더 중요한 것이 있음을 잊어서는 안 됩니다. 이명박, 박근혜 두 정부가 실패한 것은 오직 경제라는 이름으로 포장된 돈 잔치를 특정 이익집단만 누리고 있었기 때문입니다. 덕분에 많은 국민들이 돈보다 더 중요한 것이 있다는 사실을 깨닫기 시작한 것 같습니다. 이러한 것들이 바로 자유의 이름으로 벌어지는 도덕적, 윤리적 문제들로, 이 문제들을 간과하는 한 우리는 '무엇을 할 수 있는 자유'를 은총으로 향유할 수 없습니다. 그런데 이처럼 '무엇을 할 수 있는 자유'보다 더 중요한 자유가 '무엇으로부터의 자유'입니다.

'무엇으로부터의 자유'란 거꾸로 무엇이 나를 부자유스럽게 하는가 하는 점을 생각해 보면 간단합니다. 앞서 언급했듯이 아버지의 지나친 통제와 간섭은 저를 부자유스럽게 했습니다. 아버지로부터 자유롭지 못했던 것이지요.

셋째 강의 63

그런데 성인이 되고도 부모로부터 자유롭지 못한 사람이 의외로 많습니다. 마마보이라고도 하더군요. 예전에 제가 대학을 갈 때만 하더라도 친구들을 보면 대학 입시나 지망 학교, 전공 분야 등등에 관한 모든 것을 대개 스스로 판단하고 결정했던 것으로 기억합니다. 부모의 의견은 그저 참고만 할 뿐이었죠. 물론 저 역시도 그렇게 되기까지 나름대로 많은 우여곡절과 투쟁의 시간이 있었지만요. 그런데 요즘은 어떤가요?

몇 해 전에 실소를 금치 못한 일화가 기억납니다. 근래에 와서는 아이들이 대학에 갈 때까지 사교육을 비롯한 제반 사항에서 부모가 정보를 수집하고 판단하고 결정해서 자녀들에게 제시하는 경우가 많은 모양입니다. 그런 식으로 대학을 보낸 뒤에도 학점 관리와 취업까지 부모가 관여하고 신경을 쓴다고 합니다. 이런 방식으로 자녀를 키운 한 어머니가 있었습니다. 그 아들은 세칭 일류 대학을 졸업한 뒤 대기업에 원서를 넣고 합격을 했답니다. 그런데 막상 인사 발령이 나고 보니 지방으로 발령이 났다는군요. 그러자 그 신입사원의 어머니가 인사과에 전화를 걸어서는 어째서 자기 아들이 지방에 발령을 받았는지 설명해 보라고 항의를 했다지 뭡니까? 이쯤 되면 대기업에 버젓이 합격한 성인이라 할지라도 부모에게 온통 의존하는 어린 아이와 다를 바 없습니다. 회사에 다닐 자격이 안 되는 것이지요.

아동기를 지나 청소년기에 이르러 사춘기가 시작되면 부모와의 심리적 유대는 상대적으로 느슨해지기 시작한다고 아동심리학에서는 말합니다. 당연한 일이지요. 새도 어느 정도 자라면 둥지를 떠나듯이 아이들도 부모를 떠날 준비를 하는 것이겠지요. 부모와의 심리적 유대가 강하면 강할수록 자녀의 성장에는 장애가 되고 미성숙해지기 쉽다고 합니다. 부모로부터 자유로워야 자녀가 성숙해집니다. 그래서 에리히 프롬은 『건전한 사회』 *Sane Society*에서 부모가 자녀와 심리적 유대를 끊지 않으면 아이들은 미성숙해지며 그런 현상은 서양보다 동양에서 더 심하다고 지적한 바 있습니다.

청소년기 이후의 자녀들이 부모로부터 자유롭지 못하면 부모들은 자녀의 성장에 오히려 장애가 됩니다. 일일이 시키는 대로 말 잘 듣는 아이를 부모들은 좋아하겠지만, 그런 범생이들은 다른 아이들보다 독립심과 자발성, 독창성, 창의성 등이 부족하고 미성숙한 성인이 되기 십상입니다. 유아기, 아동기, 청소년기를 거쳐서 성인이 될 때까지 아이들은 심리적, 정서적 변화를 겪어 가며 성장하는데, 부모는 아동기 때 하던 방식 그대로 자녀들을 대하는 경우가 많습니다. 자녀를 독립적인 인격체로 대하지 못하는 부모는 자녀의 일거수일투족에 관여합니다. 어쩌면 죽을 때까지 부모가 평생 쫓아다니며 코치하고 매사에 챙겨 줘야 할 겁니다. 그런데 자연의 순서를 따르자면 부모가 세상에 먼저 태어났으니 세상을 떠나는 것도 먼저일 텐데 그다음엔 어찌해야 하나요? 분명한 사실은 자녀가 부모로부터 자유로울 수 있도록 부모가 협조해야 하며 독립된 인격체로 존중해 줘야 한다는 것입니다.

구속하고 있는 것들로부터 자유롭지 않은 한 우리는 자연인으로 살아가는 데 행복할 수 없습니다. 여러분을 부자유스럽게 하는 것은 무엇입니까? 개인차가 있겠지만, 누구에게나 공통적인 문제로 '양심의 자유'가 있을 것입니다. 양심을 부자유스럽게 하는 것으로는 '죄'를 꼽을 수 있지요. 죄를 지으면 누구나 죄의식을 느끼게 되고, 죄의식에 쫓겨 다니다 보면 영혼이 병들고 자유로움을 구속당합니다. 물론 양심이 무뎌져서 죄의식이 부족한 사람도 많기 때문에 양심良心을 양심養心해야 한다는 말도 있습니다.

하지만 대부분의 경우 죄의식이나 죄책감은 우리를 불편하게 합니다. 극악무도한 살인자도 잡히고 나면, "이제 발 뻗고 잘 수 있게 되었다"고 말한다지 않습니까? 사람을 죽였다는 자책감에 늘 괴로워했을 것이기 때문입니다. 이와 같이 죄는 우리를 부자유스럽게 하므로 우리가 자유로운 영혼이 되려면 무엇보다 먼저 죄에서 자유로워져야 합니다.

그런데 인간이라면 누구나 죄로부터 자유로울 수 없는 까닭은 원죄 때문입니다. 인간의 무수한 죄에는 가지가 있고 잎이 있을 뿐 아니라 뿌리가 있는데, 이 뿌리가 제거되지 않는 한 많은 죄가 그곳에서 비롯되며, 그 근원이 되는 죄가 바로 원죄입니다.

혹자는 그러더군요. "원죄가 있다면 그것은 조상이 지은 죄이지 내가 지은 죄도 아닌데 어째서 내가 뒤집어써야 합니까? 그러니 나는 원죄를 거부합니다." 이렇게 말하는 사람도 있지요. "과학적 근거라곤 없는 신화와 같은 이야기를 가지고 인간 모두를 죄인 취급하는군요."

나름대로 타당한 주장입니다만 저는 여기서 신학적 논쟁을 일으킬 마음이 없습니다. 원죄를 경험적으로 설명하는 것만으로도 충분하다고 생각합니다.

성경의 원죄 이야기도 당대를 살아간 사람들의 경험에서 정리된 이야기로 보아도 큰 무리가 없을 것입니다. 『화해와 치유』에서 이미 다루었습니다만 원죄는 하느님과 같아질 수 있다는 유혹에 빠진 것입니다. 하느님처럼 완전하지 못하고 결핍된 존재가 자신의 부족함을 인정하고 받아들이지 못하면 열등감이 작용하고 그것이 자존심을 손상시킨다고 이야기한 바 있지요.

자신이 완전할 수 없음을, 부족할 수 있음을, 나약할 수 있음을, 못날 수 있음을 받아들여야 합니다. 그것이 자신을 사랑하는 것이지요. 자신과 먼저 화해하는 것이 세상 사람들과 화해하는 첫걸음이라는 말도 있으니까요. 자신과 화해하지 못하면 늘 내 안에 있는 또 다른 내가 나를 괴롭히는데, 이것 또한 부자유스러움입니다. 내 안에 있는 부정적인 나, 원죄로 물들어 있는 나로부터 자유로워야 합니다. 나 자신과 화해하고 또 다른 나로부터 자유로워지는 방법은 『화해와 치유』에서 잘 안내하고 있으니 여기서는 이 정도만 해 두렵니다.

그 밖에도 나를 얽어매고 있는 것들에 대하여 생각해 봅시다. 무수한 예가 있습니다. 그만큼 우리는 많은 것들에 억압되거나 구속되어 살아가고 있다는 뜻이 되겠지요. 남들이 자신의 단점을 지적하거나 쓴소리를 하면 잘 못 듣는 사람이 있다고요? 그렇다면 자유롭지 못한 영혼의 소유자입니다. 사람은 누구나 완전할 수 없고 누구나 단점이 있으며 모든 이에게 칭찬을 받을 수는 없습니다. 모두에게서 사랑받을 수도 없습니다. 정말 자유로운 영혼의 소유자는 듣기 싫은 소리도 귀담아들을 줄 아는 사람입니다. 하지만 그렇게 온전히 자유로운 사람이 과연 얼마나 될까요?

그 외에도 혹시 하루라도 지속하지 않으면 견디기 힘든 어떤 것이 여러분에게 있습니까? 그렇다면 그것으로부터 자유롭지 못한 것입니다. 담배를 피우지 않으면 힘들어하는 분이 있다면 그 사람은 담배로부터 자유롭지 못한 것이지요. 요즘 들어 담배를 피우는 사람들의 설 자리가 점점 줄어들고 있습니다.

살아오면서 가장 후회하는 일이 담배 배운 일이고 가장 잘한 일이 담배 끊은 일이라고 저는 입버릇처럼 말합니다. 단번에 끊었다는 사람도 있지만 저는 담배를 끊어야겠다고 마음먹고도 거의 10년이 걸려서야 담배로부터 완전히 자유로워질 수 있었습니다. 저로서는 쉽지 않은 일이었지요. 담배 피우던 시절에는 "피울 권리도 인정해 달라"고 주장했었지만 지금은 그것이 잘못된 주장이며 자기변명에 지나지 않았음을 인정합니다. 권리 주장을 하려면 타인에게 피해를 주지 않는 선에서 해야 하는 법입니다. 남에게 피해를 주고 자기 건강도 상하는 것을 알면서도 담배를 못 끊는 것은 담배로부터 자유롭지 못한 것입니다. 비단 흡연자들만의 문제는 아니지요. 하루라도 커피를 마시지 않으면 못 견디는 사람이 있다면, 비록 담배처럼 타인에게 피해를 주지는 않는다고 해도 자유롭지 못하기는 매한가지입니다.

굳이 돈이나 권력, 명예 따위가 아니더라도 여러분을 그림자처럼 따라다니는 것이 있습니까? 그렇다면 그것으로부터 자유롭지 못한 것입니다. 마약이나 도박 등과 같이 위험한 대상에서부터 커피처럼 소소한 취향의 대상에 이르기까지 우리를 자유롭지 못하게 하는 것들은 일일이 나열하기도 힘들 만큼 무수히 존재하지요. 과연 나를 자유롭지 못하게 하는 것이 무엇인지 각자 묵상하고 찾아보아야 할 일입니다.

무의식은 우리가 조정control할 수 없는 것이고 그것이 우리를 늘 끌고 다니며 자유롭지 못하게 한다고 프로이트는 말합니다. 그러나 칼 융은 무의식을 의식 세계로 끌어올리면 우리가 조정할 수 있는 일로 보았습니다. 그래서 융 이후에 사이코 테라피psychotherapy(심리 치료)가 가능해졌다고 합니다. 무엇으로부터 나 자신이 자유로워져야 하는지 자각하지 않으면 늘 그것에 의해 끌려다니는 부자유스런 영혼의 소유자가 될 것입니다.

자연인으로서 행복하게 살아갈 수 있는 조건 가운데 하나는 자유로운 영혼의 소유자가 되는 것입니다. 그러기 위해서는 '무엇을 할 수 있는 자유'뿐 아니라 나를 얽어매고 구속하고 억압하는 여러 가지 요소들, 즉 '무엇'으로부터의 자유가 필요합니다. 그런데 후자는 심리적, 영적으로 한층 복잡한 양상을 띠고 있습니다. 따라서 이에 대해 모든 것을 다루지는 못하더라도 일부만 언급해 보겠습니다. 우리를 구속하고 부자유스럽게 하는 여러 집착들을 살펴보고자 합니다. 집착은 이미 수많은 영성가들이 관심 있게 다루어 온 주제입니다.

2. 집착들

캐나다 유학 당시의 일입니다. 이민 온 교우 가운데 자녀 사랑이 유별난 자매님이 한 분 계셨습니다. 그분에게는 어여쁘고 장래가 촉망되는 딸들이 있었는데, 어느덧 남자친구도 사귀고 결혼도 해야 할 나이가 되었지요. 그런데 그 어머니 말로는 사귀는 사람이 없다고 하더군요. 아이들 시집 안 보낼 거냐고 물었더니 그 자매님 대답이, "애들이 재주가 없어서 연애도 못해요" 하는 것이었습니다. 하지만 제 생각은 달랐습니다. 그래서 어느 날 단도직입적으로 물었지요.

"애들이 재주가 없어서가 아니라 엄마가 놔주지를 않아서 그렇겠죠. 아이들 그만 놔주세요."

그러자 고개를 푹 숙인 채 힘없는 대답이 돌아왔습니다.

"어떻게 놔줘요 …."

그분은 자녀들에 대한 자신의 관심과 염려가 남보다 조금 더한 정도라고만 생각하는 듯했습니다. 그것을 자녀들에 대한 사랑이라 여기고 있었겠지만 제가 보기에는 사랑의 이름을 빌린 집착일 뿐이었습니다. 그러한 집착은 자녀의 인생에 장애물이 될 뿐이라는 저의 지적에 그분도 결국 수긍하는 듯했지만 자녀들에 대한 태도를 바꾸기는 쉽지 않아 보였습니다. 중독이 된 것이지요. 집착은 집착일 뿐 어떠한 이유로도 사랑이라 포장할 수 없는 법입니다.

딸들도 그러한 엄마에게서 자유로워지기 위해 많은 노력을 해 온 것으로 알고 있습니다. 그런데 최근에 그 어머니가 병을 얻었습니다. 며칠 전에 저는 이 이야기를 책에 실어도 될지 허락을 구하기 위해 연락을 취했고, 어머니의 병을 치료하러 한국으로 다시 역이민을 온 그분의 딸에게서 휴대폰으로 문자가 왔습니다. 그대로 옮겨 보겠습니다.

"그게 사랑이 아니었다고 말할 수는 없잖아요. 본인은 최선을 다했으니."

"왜곡된 사랑은 사랑의 이름을 빌린 것일 뿐 진정한 사랑이 아니란다."

"그래도 사랑을 한 겁니다."

"사람들은 왜곡된 사랑도 사랑이라고 믿어. 그러니까 사랑도 배워야 하는 거야."

미진한 듯하여 다시 문자를 보냈습니다.

"각자의 수준에서 제아무리 사랑이라고 외쳐도 왜곡된 사랑은 사랑이 아니란다. 그걸 깨닫기를 바란다 …."

딸도 엄마의 문제를 알고 있었습니다. 엄마는 딸에 대한 집착에서 자유롭지 못했고, 딸 역시 엄마의 굴레에서 자유롭지 못했습니다. 엄마는 '무엇으로부터의 자유'를 누리지 못했고, 딸은 엄마 때문에 '무엇을 할 수 있는 자유'를 누리지 못했습니다. 제 생각에는 양쪽 가운데 엄마 쪽이 더 불행해 보였습니다. 딸을 진정으로 사랑했을 것이고 잘되기를 바랐을 테지요. 하지만 결과는 원하는 바와 반대가 되고 맙니다.

이렇듯 사랑의 이름으로 포장된 집착은 연인들 사이에서도 흔히 나타납니다. 꽤 오래전 저희 동네에서 있었던 실화인데, 군인 하나가 사랑하는 여인이 만나 주지 않자 그 여인의 집 앞에서 수류탄을 터뜨려 목숨을 끊었습니다. 충격을 받은 여인은 평생 정신병에 시달려야 했고요. 자살로 자신의 사랑을 증명하려 했다면 그것이 정녕 여인에 대한 사랑은 아니었겠죠.

집착은 사랑이 아닙니다. 또 집착의 대상은 사람에만 한정되지 않습니다. 일에 대한 집착도 마찬가지이지요. 일을 하지 않으면 못 견디는 사람들은 은퇴를 두려워합니다. 늘 쉴 새 없이 일을 하면서도 집착 때문에 손에서 일을 놓지 못합니다. 그러다 갑자기 시간이 주어지면 그 시간을 어떻게 보내야 할지 몰라 안절부절못하는 것입니다.

모든 집착은 우리를 자유롭지 못하게 하고 우리의 행복을 방해합니다. '집착'attachment은 '중독'addiction에서 비롯됩니다. 우리말 어감상 중독이라고 하면 대단한 질병처럼 느껴질 수 있지만 'addiction'은 그 누구에게도 예외일 수 없으며, 달리 번역할 말을 찾지 못해 일단 '중독'이라고 해 두겠습니다. 중독은 인간 모두에게 해당되는 것으로, 그 대상도 물질적이고 비물질적인 것을 통틀어 너무나 다양합니다. 그런데 우리는 중독이라고 하면 알코올 중독이나 도박 중독, 마약 중독 등 병리적 현상만 떠올리며 자신과는 무관한 것으로 여기기 쉽습니다. 그러나 정신의학자이며 현대의 영성 심리학 분야에 크게 공헌한 제럴드 메이는 저서 『중독과 은혜』*Addiction and Grace*에서 모든 사람은 중독에서 자유로울 수 없다고 이야기합니다. 중독의 문제점을 알고 있는 정신의학자인 자신에게도 무수한 중독 증세가 있다고 고백하기도 하지요.

집착을 유발하는 물질적 중독에는 커피나 사탕, 초콜릿, 밥처럼 특정한 음식도 해당됩니다. 밥이 무슨 중독이냐고 의아해하실 분들이 있겠네요. 메뉴가 무엇이든 간에 반드시 밥도 먹어 줘야 식사를 한 것 같다는 분들은 탄수화물 중독입니다. 꼭 밥이 아니더라도 한국 음식 중독도 있습니다. 신학교에 재직할 당시 안식년을 받아 캐나다 겔프Guelph에서 40일간 '이냐시오 영신수련' 침묵 피정에 참여했습니다. 그곳에서는 40일 피정뿐만 아니라 1박 2일이나 3박 4일간 개인 피정도 자유롭게 할 수 있었는데, 식사 때는 피정자 전체가 한곳에서 뷔페식으로 식사를 했습니다.

한번은 며칠간 개인 피정을 온 동양인 여성이 눈에 띄더군요. 중국인인지 일본인인지 아니면 우리 한국 사람인지 겉으로 보아서는 구별이 쉽지 않았습니다. 궁금하기는 했지만 침묵 피정 중이니 말을 걸 수도 없었고요. 그런데 그 자매님이 음식을 접시에 담아 와 잠시 머뭇거리더니 주머니에서 주섬주섬 뭔가를 꺼내더군요. 그 순간 알았답니다, 그분이 어느 나라 사람인지. 접시에 튜브 고추장을 쫙 짜 놓고 식사를 시작하셨으니까요. 40일 피정도 아니고 고작 이삼 일 있다 가는데도 서양 음식 먹기가 힘들었던 모양입니다. 이렇게 한국 음식이 아니면 단 한 끼도 못 먹는다면 그 사람은 한국 음식 중독입니다.

비물질적인 중독이라면 저도 예외는 아닙니다. 컴퓨터를 구입하면 기본적으로 깔려 있는 게임이 몇 개 있는데 그중에서 '프리셀'이라는 카드 게임에 중독된 적이 있습니다. 예전에는 지뢰 찾기 게임 중독이었는데 그것이 다른 대상으로 전이된 것입니다. 하루라도 프리셀 게임을 하지 않고는 못 견디는 시절이 있었지만 지금은 아닙니다. 그러고는 커피로 옮겨 가더군요. 듣기 좋은 말로 커피 마니아라고 하지만 엄밀히 따지면 중독을 미화시킨 것이나 다름없지요.

물질적이든 비물질적이든 모든 중독의 공통점은 도파민 효과입니다. 중독에 의해 지속적으로 집착을 하게 되면 도파민이 분비되어 기분이 좋아지지만 이는 일시적 현상일 뿐이지요. 그리고 더 큰 욕구가 일어납니다. 하지만 아무리 채우려고 해도 욕구는 결코 완전히 충족되지 않고, 결국 그 중독 대상에 구속되고 말지요. 요행히 그 대상으로부터 자유로워지더라도 또 다른 중독 대상을 찾게 되고 악순환이 거듭되는 것, 그것이 중독입니다.

자신이 중독인지 아닌지 확인하는 방법은 간단합니다. 지속해야 즐겁고 유쾌한 그것을 한 번 끊어 보는 겁니다. 바로 금단현상이 나타나면 중독이 맞습니다.

모든 집착은 중독에서 비롯되고 우리 일상의 많은 부분

을 지배합니다. 그것으로부터 자유롭지 못하면 내가 그것에 지배당하게 되고 심하면 일상을 망가뜨리기도 합니다. 도박이나 마약, 알코올만이 문제가 아니라 나를 자유롭지 못하게 하는 모든 중독과 그로 인한 집착이 문제입니다. 그렇다면 중독은 어떻게 생겨나는 것이며, 그로 인한 집착으로부터 자유로워질 방법은 무엇일까요?

3. 모든 집착으로부터의 자유

인간에게는 아무리 애를 써도 채워지지 않는 허전함이 있습니다. 그래서 아우구스티누스는 『고백록』에서 그 결핍감을 고백했는지 모릅니다. 인간 누구도 이 지상에서는 낙원을 온전히 체험할 수 없습니다. 우리는 이미 그곳에서 추방된 존재이기 때문입니다. 하느님 나라도 이 땅에서 완전히 이루어진 것이 아닙니다. 하느님 나라는 이미 왔으나 아직 완성된 것이 아니기 때문에 우리가 추구해야 할 대상이자 신앙인의 목표가 되는 것입니다. 하느님 나라는 미구에 주어질 저 하늘에서뿐 아니라 바로 이 땅에서 완성되어야 할 것임에는 틀림이 없지만 현실은 하느님 나라와 너무나 멀리 있습니다. 그렇기에 우리는 불완전하고 불만족스러운 세상에서 살아갑니다.

제가 일반 대학생 신분이던 20대 초반에 꼰벤뚜알 프란치스코 수도회에서 몇 달간 생활한 적이 있습니다. 입회한 것은 아니지만 수사님들과 똑같이 생활한다는 조건으로 수도원에서 지내도록 박문식 신부님께서 허락을 해 주셨던 겁니다. 그 당시 함께 살던 분들 가운데 지금은 사제가 되신 토비아 부제님에게 제가 물었던 것 같습니다.

"나중에 하늘나라에 가서 행복하기만 하면 저는 너무 심심할 것 같아요."

"완전함이 무엇인지 우리는 이 세상에서 경험해 보지 못했고 경험할 수도 없는 법이지. 완전한 행복과 기쁨이 어떤 것인지 모르니 그런 생각이 드는 것이란다."

어린 나이였지만 무슨 의미인지 납득이 되었습니다. 우리는 완전한 행복을 경험해 보지 못했으니 그것이 어떤 것인지도 모릅니다. 그러니 행복하기만 하면 심심하지 않겠냐고 생각한 것이지요.

이 세상에 완전한 것은 없습니다. 그러니 그 어떤 것도 우리를 완전히 채워 주지 못합니다. 도무지 채워지지 않는 그 허전함은 인간으로 존재하는 한 누구나 가지고 있는 것이라 저는 그것을 '존재론적 공허감'이라 부르고 싶습니다. 존재론적 공허감은 절대적인 것입니다. 절대적인 것을 상대적인 것으로 채우려 하니 당연히 안 채워질 겁니다.

절대적인 것은 절대적인 것으로 채워야 합니다. 그렇다면 무엇이 절대적인 것인가요? 두말할 것도 없이 하느님이시지요. 따라서 그 존재론적 공허감의 자리는 바로 하느님의 자리, 하느님만이 채우실 수 있는 자리입니다.

우리는 하느님을 사랑이라고 부릅니다. 그렇다면 그 자리는 바로 사랑의 자리이며, 그 절대적인 자리를 상대적인 것으로 채우려 한다면 결코 완전히 채워지지 않을 겁니다.

게다가 그 채우려고 하는 대상에 중독되어 집착이 생겨나 그것이 우리를 부자유스럽게 합니다. 중독 대상이 우리의 공허한 자리를 차지하고 있는 한 하느님이 들어오실 자리가 없습니다. 그 중독 대상을 치워야 그 자리에 하느님이 들어오시고 사랑으로 채울 수 있습니다. 그래서 "아무도 두 주인을 섬길 수 없다"(마태 6,24)고 말씀하신 겁니다.

초대 교회 당시부터 수도원의 역사는 관상과 활동의 순환처럼 보입니다. 초기 수도자 대다수는 세상을 떠나 척박하고 메마른 땅을 찾았습니다. 세상의 편리나 인간적 위로라곤 찾을 길 없는 깊은 침묵과 고독만이 존재하는 곳이었습니다. 그래서 우리는 이러한 곳을 사막에 비유했고, 그곳을 찾았던 수도자들 중 영성의 대가들을 사막 교부라 부릅니다.

그렇다면 그들은 왜 사막에 들어갔을까요? 하느님을 만

나기 위해서입니다. 자신의 마음을 사로잡고 있는 모든 것, 자신이 집착하거나 위로받고 있는 것들을 끊어 버리면 그 마음은 진정한 사랑의 자리가 되고 하느님이 들어오시는 자리가 됩니다. 하느님은 사랑이시기 때문이지요. 십자가의 성 요한은 완덕으로 나아가는 길을 안내하면서 '정화', '조명', '일치'라는 영성의 세 단계를 제시하는데, 그렇게 사막 교부들은 사막에서 정화의 과정을 겪으며 하느님을 깊이 만납니다. 정화를 통해 온갖 세속적 집착에서 자유로워지면서 관상생활이 시작되는 것이지요.

사랑은 하느님에게서 오는 것입니다(1요한 4,7). 하느님을 만나 사랑으로 가득 찬 사막 수도자들은 이 사랑을 이웃에 전하고 싶은 충동을 강하게 느꼈을 것입니다. 사랑은 가둬 둘 수 없는 것이기에 마음에서 가득 차 흘러넘치면 그것을 전해 줄 대상을 찾기 마련이지요. 신앙인들에게 가장 으뜸 계명인 하느님 사랑과 이웃 사랑을 실천하기 위해서는 먼저 하느님 사랑이 우선이어야 하는 까닭이 여기 있습니다.

수도자들은 가슴에 가득 찬 하느님 사랑을 이웃에 전하기 위해 수도원 문을 박차고 나오고 싶어집니다. 그러면 관상 수도원 생활에서 활동 수도원 생활로 바뀌게 됩니다. 활동 수도원 생활로 다시 오랜 세월이 지나다 보면 원래의 정신이 희박해지고, 하느님 사랑보다는 인간적 동기에서 활동이 이루어집니다. 그러면 활동 수도원의 활동 에너지도 점차 쇠진해 갈 테고, 이때 다시 수도원 쇄신 운동이 일어나 원래의 정신을 따라 관상 수도원 생활로 되돌아가게 되겠지요. 그러므로 제 견해로 수도원 역사는 관상과 활동의 순환, 반복처럼 보입니다.

수도자들은 모든 집착으로부터 자유로워져야 하고, 그래야 하느님 사랑과 이웃 사랑을 실천하게 됩니다. 그렇다고 해서 이러한 작업을 수도자들만 할 수 있는 것은 아닙니다. 우리 역시 세상에서 살아가면서도 마치 사막에 들어간 것처럼 집착으로부터 자유로워지면 지금 있는 자리에서도 하느님을 만날 수 있습니다. 반대로 비록 세상을 등지고 사막에 들어간다 하더라도 가령 내가 집착하고 있는 커피를 가지고 들어간다면 하느님 자리를 커피가 차지하게 될 것이고, 그렇다면 사막에 있더라도 세속에 있는 것과 다를 바가 무엇이겠습니까? 그러니 반대로 세속에 있을지언정 사막에서처럼 살아갈 수도 있는 것입니다.

흔히 남자들은 술과 담배, 여자를 가까이하는 것을 큰 즐거움으로 여깁니다만 이 세 가지 없이도 행복하게 잘 지내는 사람들도 있습니다. 왜 그럴까요? 이러한 것들이 우리의 존재론적 공허감을 채워 주지는 못하기 때문이지요. 우리 내면의 빈자리는 하느님으로만 채워질 수 있으니 마음속에 하느님이 거하실 자리를 비워 두어야 합니다. 그 자리를 통해 영적 자유를 얻는 것입니다. 빈자리를 하느님으로 채우고 영적 자유를 얻는 것은 성인들에게만 해당하는 것이 아니라, 일상을 살아가는 우리 가운데 누구라도 가능한 일입니다. 세상의 온갖 것으로는 결코 완전히 채울 수 없는 이 빈자리는 사랑의 자리이자 하느님만이 채워 주실 수 있는 자리입니다.

4. 현재에 머물기

이 세상에 상처 없이 살아가는 사람은 아무도 없을 것입니다. 인간은 상처받기 쉬운 vulnerable 존재이기 때문입니다. 그러나 그 상처가 삶을 구속하기에 이른다면 치유가 필요합니다. 이 문제에 대해서는 이미 『화해와 치유』에서 언급을 하였으니 생략하겠습니다.

우리는 채 아물기도 전에 상처를 건드려 덧나게 하기도 합니다. 긁어 부스럼 만든다는 말도 있듯이, 나으려 할 때 자꾸 손을 대면 자유로운 영혼은 날개를 잃고 나락으로 떨어질 수 있습니다.

하느님의 뜻은 현재에 있다고들 하는데, 이는 무슨 말일까요? 우리가 경험할 수 있는 것은 오직 현재뿐입니다. 어제는 분명 과거입니다. 그런데 어제의 그 일도 그 순간에는 현재로 경험했던 것입니다. 그러니 과거를 경험할 수 있는 사람은 아무도 없는 셈이지요. 한편 내일은 미래입니다. 그 미래 역시 절대로 우리가 경험할 수 있는 것이 아닙니다. 내일이 되어도 우리는 현재만을 경험할 테니까요. 이렇게 우리가 경험할 수 있는 것은 늘 현재뿐이므로 마음을 언제나 현재에 두고 지금 이 순간을 살 수 있어야 하겠습니다.

그럼에도 과거나 미래에 가 있는 마음을 우리는 어찌하면 좋을까요? 과거는 이미 내 손을 벗어난 것이 되어 버렸는데도 마음이 과거에 가 있다면 우리는 과거의 상처들로 인해 괴로워할 것입니다. 내가 할 수 있는 일이 아무것도 없는데도 우리 마음은 그곳에 머물러 스스로 상처를 더 깊게 만듭니다. 이 얼마나 손해 보는 일인가요? 상처는 과거에 발생한 것인데 그 굴레에서 여전히 아파하고 원망하고 괴로워하며 그것으로 다시 자신의 가족이나 이웃에 상처를 주게 됩니다. 내가 지금 아파하고 원망하고 괴로워함으로써 상처가 치유되거나 과거로 되돌아갈 수 있다면 매일 밤을 지새워 그리해 보겠지만 결국 불가능한 일입니다. 모든 상처는 이렇게 과거로부터 온 것입니다. 그리고 현재를 살아간다는 것은 과거에 마음을 두지 않는 것, 다시 말해 과거에 만들어진 상처로부터 자유로워지는 것을 의미합니다.

한편 미래는 아직 오지 않은 것입니다. 내일도 내가 살아 있으리라는 보장도 없는 것이고요. 오늘 죽은 사람들 가운데는 한 치 앞도 예측 못하고 별안간 죽음을 맞은 이들도 있을 것입니다. 어느 누구도 하느님으로부터 언제까지 살게 해 주겠노라 보장받은 바 없습니다. 불확실하고 보장 없는 미래에 마음이 사로잡혀 있으면 오늘을 보지 못합니다.

제가 신학생 때 학기 중에는 방학을 기다리다가, 막상 방학이 되면 다시 신학교가 그리워져 빨리 학교에 돌아가고 싶어 했답니다. 방학을 맞아 집에 돌아오면 나름대로 좋은 점이 있고, 반대로 학교에 돌아가도 좋은 점이 있으니 개학이 기다려진 것이지요. 그렇다면 어느 쪽이든 좋은 점은 있는 셈입니다. 그런데 마음이 미래에 가 있어 현재의 좋은 점을 충분히 느끼지 못하고 지금 이 순간을 즐기지도 못했던 것입니다.

마음을 현재에 가져오면 삶이 다시 보입니다. 내가 지금 무엇을 해야 하는지, 무엇이 좋고 무엇 때문에 기쁘고 무엇에 감사해야 하는지가 보입니다. 그럴 때 영혼은 비로소 자유로워집니다. 과거와 미래가 자신을 지배하지 않으면 영원한 현재 안에서 기쁨과 평화의 날개를 펼칠 수 있습니다. 현재를 살아가면서 하느님의 영원한 현존을 느끼게 됩니다. 지금 이 순간 살아서 숨 쉬고 있는 내 생명의 신비를 느낄 수 있습니다.

영원한 현존이 진리입니다. 그리고 진리는 우리를 자유롭게 합니다(요한 8,32). 마음을 현재에 가져와 지금 이 순간에 머물 수 있을 때 우리의 말씀 묵상도 더욱더 풍성해집니다.

피정하시는 분들은 아래 말씀 가운데 하나를 묵상하시면 됩니다.

마태 6,24-34; 세상 걱정과 하느님 나라
루카 12,22-32; 위와 병행 구절
1요한 4,7-12; 사랑과 믿음

넷째 강의

1. 맡김

사제로 사는 삶의 가장 큰 매력이 무엇이냐고 누군가 묻는다면 저는 주저 없이 '자유로움'이라고 대답하겠습니다. 사제직을 가시밭길에 비유하는 경우가 많지만, 어떠한 기쁨도 없이 고통만 있는 길이라면 자발적으로 그 길을 따라갈 마조히스트masochist가 어디 있겠습니까?

각자 생각이 다르겠지만 저는 사제의 길을 가는 데 고통을 능가하는 매력이 있다면 그것은 바로 자유라고 생각합니다. 그 자유는 포기에서 오는 것이지요. 가장 큰 것을 포기하면 그보다 작은 것을 포기하기란 그다지 어려운 일이 아닙니다. 포기는 완전히 내맡김으로 가능해집니다. 믿을 수 있는 누군가에게 맡겨 버리면 내가 할 일이 줄고, 할 일이 줄어들수록 나는 자유로워지는 것이지요. 그러니 믿을 만한 대상, 완전히 나를 맡길 수 있는 신뢰의 대상이 하느님이심을 고백할 수 있다면 참으로 행복한 사람입니다. 하느님께 나 자신을 맡길 수만 있다면 삶의 주도권이 나에게서 하느님께로 넘어가게 되고 비로소 나는 편안해집니다. 하느님께 맡기고 난 후에는 그분께서 베풀어 주시면 감사히 받고 혹시 주시지 않아도 그만인 것입니다.

사제서품을 받기 전 부제 때에 면담을 여러 차례 합니다. 지금은 제주교구장이신 강우일 주교님과 면담할 때의 일입니다. 서품을 받은 후 보좌신부로서 한 달 생활비로 40만원을 받는다고 하면 적당한 액수인지 강 주교님께서 물으시더군요. 당시 그 정도면 대학 졸업 후 첫 월급의 3분의 1 정도 되는 금액이었던 것 같습니다. 따지고 들자면 사제는 대학원 졸업 학력이니 대졸 첫 월급 3분의 1은 적은 액수라고 할 수 있지요. 하지만 당시에 저는, 그것은 많지도 적지도 않은 액수이며 있으면 있는 대로 없으면 없는 대로 살면 된다고 대답한 기억이 납니다.

열두 제자를 파견하실 때 예수님께서는 제자들에게 "길을 떠날 때에 아무것도 가져가지 마라"(루카 9,3) 하고 말씀하십니다. 지팡이며 여행 보따리며 빵이며 돈이며, 심지어는 여벌옷도 지니지 말라고 하셨지요. 왜 그렇게 말씀하셨을까요? 다니려면 먹어야 하고 경비도 있어야 하고 옷이 더러워지면 갈아입기도 해야 하지 않겠습니까?

그런데 우리가 뭔가를 소유하게 되면 거기서 계산이 생겨납니다. 가진 것으로 나름대로 계획을 세우게 되고 결국 그 계획에 의존하게 될 것입니다. 하지만 애초에 아무것도 지니지 않으면 그때그때 주어지는 대로 살아갈 수밖에 없습니다. 자신의 계획조차 주님께 맡겨 버리는 것이지요. 하지만 평신도로서 세속에 살면서 모든 것을 맡겨 버리고 살아가기란 쉽지 않을 겁니다. 그래도 익숙해지면 그리 어려운 일도 아닙니다. 일단 맡기면 베풀어 주신다는 체험을 하게 될 것이니까요.

암 수술을 받고 병원에 누워 있는데, 열심히 신앙생활을 하고 있는 고교 동창 명학이가 어찌 소식을 들었는지 병실로 찾아왔더군요. 이런저런 이야기를 나누던 중 사회생활과 신앙생활이 서로 대립할 때는 어찌하는 게 좋냐고 제게 묻습니다. 교회 봉사와 생업 사이에서 어느 쪽을 택할 것인가 하는 문제였지요.

"나는 잘 모르겠네. 주님께서 기뻐하시는 일이 어느 쪽일지 묵상해 보시게."

"둘 중 하나를 놓아야 하는데?"

"그렇다면 하나를 놓아야지 뭐."

"어떻게 놓을 수 있을까?"

"하느님을 기쁘게 해 드리는 일이 무엇일지 식별하고 그것을 택한다면 나머지는 그분이 알아서 해 주실 거네. 맡기게나."

모든 것을 맡기려면 믿음이 필요하지만 이 믿음을 갖는 것이 쉬운 일은 아닙니다. 그럼에도 믿음을 가질 수 있는 가장 빠른 길은 하느님을 사랑으로 체험하는 것입니다. 사랑이신 하느님께서 자녀들이 빵을 청하는데 돌을 주시거나 생선을 청하는데 뱀을 주실 리 없습니다(마태 7,9-10). 그러한 하느님 사랑의 체험이 있으면 믿음은 절로 생겨납니다. 그 믿음으로 인해 자신을 온전히 내맡길 수 있고 우리는 자유의 날개를 달게 되는 것입니다.

2. 받아들임

사람을 부자유스럽게 하는 것 가운데 우선적으로 꼽히는 것이 바로 현실을 받아들이지 못하는 것입니다. 캐나다 유학 후 신학교에 부임하여 7년 반 동안의 소임을 마치고 첫 본당 주임신부 발령을 받았을 때입니다. 처음 주임신부로 가는 것이니만큼, 평범하고 비교적 안정된 작은 본당으로 가고 싶다는 소박한 바람이 있었으나 기대에 크게 어긋났습니다. 첫 주임신부 부임지인 가회동 성당은 1954년에 미군을 통해 전달된 미국 천주교 구호단체의 원조로 지어진 성당으로, 붕괴 위험에 처해 있어 당장 새로 지어야 할 형편이었습니다. 하필이면 주임 경력도 없는 내가 왜 성당을 지어야 하는가 하는 문제가 납득이 안 되었습니다.

부임하면서부터 이상하게 편두통이 생겼습니다. 자다가도 벌떡 일어날 정도로 머리가 아팠고 위궤양까지 얻어 밥을 제대로 못 먹을 지경이었죠. 비교적 건강하다고 자부하며 살아온 저였는데 말입니다. "내가 갑자기 왜 이러지?" 이유는 한 가지였지요. 피할 수 없는 숙명처럼 맡겨진 성당 건축. 예전에 건축을 공부했지만 무용지물이 된 지 오래였습니다. 사제가 되고자 신학교에 입학하면서 과거에 공부했던 건축 관련 자료들은 몽땅 내다 버렸고, 사제 수품 후 유학을 마치고 신학교에 부임한 뒤로는 내 생애에 건축 관련 일은 영원히 없을 것으로 생각했지요. 내다 버려 잊은 지 오래인 그 일을 다시 쓰레기통에서 꺼내 먼지를 털어야 하는 상황을 받아들이기가 쉽지 않았던 것입니다. 사제로서 거룩하게 살고 싶은 영적 욕구가 거친 건설

현장에서 무참히 무너져 내릴 것 같은 불길한 예감도 싫었습니다. 과거에 직장 경험이 있는 저로서는 돈 벌며 세상 살아가는 일이 그리 녹록지 않음을 알고 있던 터라, 세상을 살아가는 평신도를 독려해 가며 성전을 지어야 하는 상황도 피하고만 싶었지요. 의식적으로는 당연히 순명해야 한다고 여겼지만 무의식에서 일어나는 거부감이 저를 괴롭혔던 것입니다. 그러나 그러한 의식과 무의식의 괴리는 오래가지 않았습니다. 하느님께서 나를 이곳에 보내실 때는 그만한 이유가 있으셨겠지 생각하며 마음을 다잡은 것입니다.

건축에 앞서 맨 먼저 선행되어야 하는 작업은 타당성 조사와 콘셉트 설정입니다. 콘셉트를 잡기 위해서는 먼저 역사와 지역적 특색을 공부해야 하는데, 이 과정에서 저는 놀라운 사실을 알게 되었습니다. 1795년 4월 5일 부활대축일에 주문모 신부의 집전으로 조선 땅에서 첫 미사가 봉헌되었는데, 그곳이 가회동 본당 인근인 북촌심처에 있던 최인길(마티아)의 집이었습니다. 첫 미사 봉헌 후에 밀고자가 생겨서 최인길이 장하치명당하고, 주문모 신부를 숨겨주었던 강완숙(골롬바)도 참수치명당합니다. 결국 주문모 신부는 자수해서 군문효수를 당하는데 이를 북산사건이라고 부릅니다. 북산사건을 시작으로 본격적으로 박해가 시작되었고 무수한 신앙인들이 피를 흘리게 되었지요. 박해의 주체는 황실이었습니다. 그런데 놀랍게도 고종의 다섯째 아들인 의친왕 '이강'이 '비오', 의친왕의 정비 '김숙'이 '마리아'로 가회동 성당에서 세례를 받은 사실을 알게 되었습니다. 다시 말하면 박해의 주체가, 박해가 본격적으로 시작된 지역의 본당에서, 박해의 대상인 가톨릭 신앙을 받아들인 셈이었습니다. 이렇게 가회동 성당은 마침내 신앙이 승리했음을 입증하는 선교 본당으로서의 성격을 반영해야 했으므로, 어디에나 있는 평범한 성당으로서의 건축물이 아니라 초대 한국 천주교회의 사적지로서 기념비적인 건물로 지어야 마땅했습니다.

이렇게 중요한 성전을 짓는데 하느님께서 그냥 내버려두실 리가 없다는 생각이 들고, 반드시 도와주실 것이라는 믿음과 소명 의식이 생기니 흥이 저절로 났습니다. 처음 발령받았을 때와 상황은 전혀 바뀌지 않았습니다. 그런데 처음에는 편두통과 위궤양으로 고통스러웠던 것이, 현실을 받아들이고 난 뒤에는 기쁘게 작업에 착수하는 쪽으로 바뀐 것이지요. 주님의 뜻을 찾고 그것을 받아들이면 지옥같이 여겨지는 현실도 천국으로 바뀔 수 있습니다. 과연 지옥과 천국은 대상에 있는 것이 아니라 내 안에 있었던 것입니다.

예를 하나 더 들까요? 중증 뇌성마비를 포함한 중복장애인 아들을 둔 자매님을 만난 적이 있습니다. 다 큰 아들의 대소변을 받아 내고, 돌아누울 때도 부축을 하고, 밥도 먹여 줘야 했습니다. 그렇게 죽을 때까지 평생을 돌봐야 한다면 그 자매님에게는 사생활이 전혀 없는 것과도 같았습니다. 그런 형편이니 자매님의 표정이 괴로워 보이거나 수심이 가득하다 한들 이상할 것이 없겠지요. 그런데 뜻밖에도 그 자매님은 한없이 밝고 평화롭고 행복해 보였습니다. 힘드시지 않냐고 묻자 이렇게 대답하시더군요. 하느님께서 자신에게 아이를 맡겨 주셔서 참 감사하고 행복하다고 말이지요. 다른 사람에게 맡겨졌다면 버려졌을지도 모를 아이가 자기에게 온 덕분에 자신의 삶이 더욱 의미 있게 되었다는 것입니다.

현실을 받아들이면 그것이 제아무리 어려운 상황일지라도 거기에서 자유로워집니다. 하지만 현실을 받아들이지 못하면 그것이 자신을 구속하게 되고 고통이 시작됩니다. 이 받아들임은 신앙 안에서 가능해지기도 합니다.

3. 놓아 버림

신학교에 늦게 들어간 저는 신학생 때 경제적으로 어려움을 많이 겪었습니다. 서른이 넘어 신학교에 입학했으니 그 나이에 부모에게 보탬이 되어도 시원찮을 판국에 손 벌리기도 어렵고 해서 스스로 생활비를 마련해야 했습니다. 그러니 생활이 늘 궁핍할밖에요. 당시만 해도 저는 애연가였는데 방학을 한 달여 앞둔 어느 날, 수중에는 담뱃값으로도 턱없이 부족한 만 원짜리 한 장만 남아 있었습니다. 그런데 후배 하나가 제 방을 찾아와 묻더군요.

"형, 돈 있어?"

있는데 없다고야 할 수는 없지요.

"응, 있어."

"나 만 원만 줘."

빌려 달라는 것도 아니고 그냥 달라는 것이었습니다. 주머니에 달랑 한 장 남은 만 원이지만 거절할 수 없었습니다. 당장 그 돈이 필요한 것은 내가 아니라 후배였으니까요. 만 원을 내주고 나니 드디어 나는 빈털터리가 되었습니다. 그때 다시 문 두드리는 소리가 들렸습니다. 나보다 먼저 신부가 되어 보좌 생활을 하고 있던 ㄱ 신부였습니다. ㄱ 신부도 일반 대학교를 졸업하고 학사 장교를 다녀왔기 때문에 신학교에 늦게 입학했고, 뒤늦게 사제가 되다 보니 누구보다도 나이 든 신학생의 고충을 잘 알고 있었지요.

둘이서 이런저런 이야기를 하다가 그 친구가 물었습니다.

"너 돈 있니?"

"없는데?"

"그럴 줄 알았다. 내가 가진 돈을 똑같이 나누자."

그 친구가 지갑을 열자 20만 원이 들어 있었고, 거기에서 절반을 뚝 잘라 내게 내미는 것이 아니겠습니까? 가진 것을 내어놓으니 그 10배를 되돌려 받은 셈이 되었지요. 하느님께서는 그렇게 마련해 주십니다. 만약에 내가 움켜쥐고 있었다면 받지 못했을 수도 있겠지요. 우리가 쥐고 있는 것을 놓으면 주님께서 채워 주십니다. 그러나 내가 뭔가를 붙잡고 있으면 아무리 주시고 싶어도 그럴 수가 없지요. 놓아 버리면 자유로워집니다. 놓지 못하면 그것이 나를 괴롭힐 수 있고요. ㄱ 신부의 그때 그 마음이 지금도 저는 고맙기만 합니다.

살아가면서 우리는 자신이 할 수 있는 것과 그렇지 않은 것이 있음을 알게 됩니다. 할 수 없는 것은 아무리 용을 써도 안 됩니다. 그런데도 움켜쥐고 있으면 괴로움까지 더해져 견디기 힘듭니다. 할 수 있는 것만 하면 됩니다. 자신이 할 수 없는 것을 붙들고 고통스러워할 필요가 없습니다.

바둑은 인생의 축소판이라는 말이 있지요. 요즘은 뜸해졌지만 한참 바둑을 둘 당시에 실력이 아주 뛰어난 선배와 마주한 적이 있습니다. 제 기억에 그 선배는 아마추어 1급 정도였던 것 같습니다. 10급 정도의 초보 수준인 저에게 선배는 말하기를, 제가 바둑을 계속 두면 누구보다 실력이 빨리 늘 것 같다고 했습니다. 다 죽어 가는 것을 붙들고 살려 보겠다고 아등바등하지 않는다는 것이 그 이유였지요. 다 죽어 가는 것을 살려 보려고 애쓰다가는 바둑판 전체가 불리해지면서 결국 살리려고 했던 것도 죽이고 승부에서도 지고 만다는 것입니다. 그런데 나는 죽었다고 판단이 되면 바로 손을 떼고 얼른 다른 곳에 포석을 던지기 때문에 그런 태도로 바둑을 배우면 실력이 빨리 늘 거라는 말이었지요.

할 수 없는 것을 붙들고 놓아 버리지 못하면 내가 나를 괴롭히는 결과를 낳을 뿐입니다. 신앙 안에서 포기하고 놓아 버린다는 것은 잃음을 의미하는 것이 아니라 그분께 맡겨 버리는 것입니다. 내가 모든 것을 다 하려고 하면 그분께서 하실 일이 없습니다. 그러니 내가 할 수 있는 것만 하고, 할 수 없는 것은 붙들고 애면글면할 것이 아니라 그분께서 하실 수 있도록 자리를 내드리면 됩니다. 그러면 나는 자유로워집니다. 안 되는 것을 끝까지 붙들고 있어 봐야 소용없습니다. 놓아야 할 것은 놓고 포기할 수 있어야 자유로워집니다.

아주 중요한 것을 포기하면 그다음은 쉽습니다. 놓아 버림에 익숙해지면 그리 힘들지 않습니다. 오히려 놓아 버리는 순간 자유로움을 만끽하게 될 것입니다.

유학 중이던 어느 날 목사님 한 분이 면담을 요청해 왔습니다. 이야기를 마칠 무렵 그분이 제게 물었습니다.

"신부님, 저는 사랑하는 사람이 곁에 있어도 이렇게 힘든데, 곁에 아무도 없이 어떻게 사제생활을 하십니까?"

"목사님도 부르심에 응답하셨겠지만, 우리 사제들도 저 깊은 곳에서 성소聖召에 응답합니다. 가장 소중한 것을 내어놓으면 그다음 것은 쉽게 내놓을 수 있거든요."

이 세상에 영원한 것은 없습니다. 그러니 집착할 것도 없겠지요. 안식년 중에 유럽에서 휴대폰을 분실했습니다. 모든 사람들의 연락처와 사진들, 소중한 자료들을 몽땅 잃어버렸습니다. 황당했지요. 하지만 휴대폰을 잃고 얻은 깨달음이 하나 있습니다. 아무리 귀하고 소중하고 아깝고 중요한 것이라 하더라도 한순간에 잃어버릴 수 있다는 사실을 우리는 잊고 산다는 것이지요. 그렇게 순식간에 모든 것을 날려 버릴 수 있는 것이 현실이라면 우리가 세상에서 집착할 것이 하나라도 있을까요? 그러니 놓아 버리지 못할 것은 없는 셈이지요. 그리고 세상에 영원한 것이 하나도 없다면 영원하신 하느님께 마음을 두게 되고 하느님을 바라볼 수밖에 없게 됩니다. 이렇게 마음을 빼앗기고 있는 것을 모두 놓을 수만 있다면 가장 자유로운 영혼이 될 것입니다.

팔십 대이신 제 어머니가 팝송을 좋아하거나 많이 아실 거라고는 생각지 않았습니다. 그런데 어느 날 어머니와 함께 있는데 음악이 흘러나오자, 어머니께서 "「렛 잇 비」Let it be 나온다!" 하시는 게 아닙니까? 어떻게 그 노래를 아시냐고 묻자, 제가 어려서부터 늘 흥얼거리던 노래라 잘 아신다고 말씀하시더군요.

> When I find myself in times of trouble
> mother Mary comes to me
> speaking words of wisdom
> let it be.

가사의 내용인즉, 내가 어려움에 처했을 때 어머니(또는 성모님)께서 다가오셔서 '그냥 두어라'라고 지혜롭게 말씀해 주셨다는 뜻입니다.

내가 할 수 있는 것이 있고 할 수 없는 것이 있습니다. 내가 할 수 없는 것이라면 그냥 두는 것입니다. 그러면 그 문제로부터 자유로워지고, 그다음에는 하느님께서 마련해 주실 것입니다. 물론 하느님의 때가 아니라면 아무것도 이루어지지 않겠지요. 그러면 주도권은 하느님께 있음을 고백하며 나는 조용히 물러앉게 될 것입니다. 주도권을 하느님께 넘겨 드리면 괴로울 것도 고통스러울 것도 없습니다. 진정한 자유를 얻게 된 것이지요.

4. 하느님 사랑의 체험

사람은 누구나 사랑받고 싶어 합니다. 사랑이 필요 없다고 하는 사람이 있다면 정서장애나 성격장애를 심각하게 의심해 보아야 할 것입니다. 책 서두에서 언급했듯이 지리산 요양소에서 저를 포함하여 가까이 지내는 신부 넷이 모였을 때의 일입니다. 특수사목을 하는 한 명을 제외하고 나머지 세 신부가 모두 본당사목을 하고 있던 터라, 본당사목자로서 솔직한 심정을 서로 나누었습니다. 시간 가는 줄 모르고 나누었던 대화 가운데 일부를 공유하겠습니다.

ㅊ 신부는 예전 본당과 현재 본당을 비교하면서 신자들에게 사랑을 줘도 반응이 없다고 속상해하며 사랑도 표현

하고 확인할 수 있어야 한다는 주장을 펼쳤습니다.

ㅈ 신부는 사제도 결국 사랑이 필요하며 사랑받고자 하는 마음을 완전히 배제하고 살아갈 수는 없음을 인정했습니다.

저는 모두에게 똑같이 사랑을 주다 보니 자신만 특별한 사랑을 받고 싶어 하는 사람들이 힘들어한다는 체험을 나누었습니다. 신자들로부터 사랑받고 있음을 기쁘고 감사하게 생각하지만 그것에 집착하지 않는다고도 말했습니다. 살아간다는 것은 결국 사랑받기 위한 몸부림이라면, 우리 네 명 가운데 가장 그 몸부림에서 자유로운 사람으로 제가 꼽히자 아우뻘인 ㅇ 신부가 물었습니다.

"사랑받고 싶은 마음에서 형은 어떻게 그렇게 자유로울 수가 있어?"

"나는 충분히 받아서 그래. 하느님으로부터 이미 넘치도록 받았어. 그것으로 충분해."

물론 저에게도 신자들의 사랑이 필요합니다. 신학교에서 신학생들이랑 살 때는 신학생들의 사랑을 먹고살았고 지금은 본당에서 교우들의 사랑을 먹고삽니다. 그러나 그것에 집착하지 않습니다. 본당에서는 모든 사람으로부터 환영받을 수 없습니다. 모두에게 환영받는 사람이라면 아마도 사기꾼일 것입니다. 그래야 사기를 칠 수 있을 테니까요. 그러나 보통 사람이라면 반대하는 사람도 반드시 있기 마련이지요. 본당에서라고 다르지 않습니다.

가회동 본당에 있을 때 저를 미워하는 이들을 몇 부류로 나눌 수 있었습니다. 한 부류는 남들 앞에서 잘못을 지적당한 이들입니다. 겸손하거나 성숙한 사람이라면 지적받은 것을 수용하면 그만입니다. 그런데 자존심이 강한 이들은 남들 앞에서 망신을 당했다는 생각에 저를 미워하기 시작하지요. 한 가지가 미우니 일수거일투족 전부 다 밉고 시빗거리가 됩니다.

다른 한 부류는 감투 욕심이 있는 이들입니다. 자기 말고 다른 사람이 단체장이 되면 속상해하면서 주임신부를 미워하지요.

또 다른 부류는 전임신부로부터 사랑을 많이 받았는데 이번 주임신부는 자신에게 특별한 관심을 두지 않는다고 느껴 미워하는 경우였습니다. 특정인에게 특별하게 대하면 상대적으로 반드시 소외가 생겨납니다. 이런 경우는 복음적이지 않습니다. 복음적인 삶은 모든 이에게 모든 것이 되어 주어야 합니다. 그런데 모두를 똑같이 사랑하면 특별대우를 받고 싶어 하는 사람들이 신부를 미워하는 문제가 발생할 수 있습니다. 특별한 사람만 사랑하든 모두를 사랑하든 어느 쪽을 택해도 어차피 미움을 받게 되어 있습니다. 그렇다면 후자가 더 복음적이기에 후자를 선택하여 미움을 받는 편이 더 낫습니다.

이 세 가지 부류 외에, 기질적으로 성향이 반대되는 사람들도 저를 미워하는 경우가 있었습니다.

물론 이렇게 주임신부를 미워하는 사람은 전체 신자 수에 비하면 소수에 불과하지만 이들에게까지 사랑받으며 살아가기를 기대할 수는 없는 일입니다. 게다가 반대하고 싫어하는 사람들에게 일일이 마음 쓰며 살아간다면 여간 스트레스받는 일이 아닐 겁니다. 어차피 우리는 모두에게 사랑받을 수 없으니 하느님 사랑으로 만족하면 됩니다.

사제와 수도자뿐 아니라 평범한 일반인들도 마찬가지일 것입니다. 모든 이로부터 사랑받는 사람은 없습니다. 어떤 경우든 자신을 미워하는 사람은 있기 마련이지요. 그것은 달리 보면 자신이 사기꾼이 아니라는 뜻이기도 합니다. 사기를 치려면 모두에게서 신뢰와 사랑을 받을 수 있도록 철저히 연구하고 그에 따라 처신해야 하기 때문입니다. 나를 미워하는 사람이 있다는 것은 내가 사기꾼이 아니라는 증거인 셈이지요. 그러니 나를 미워하는 사람보다는 좋아하는 사람이 더 많다는 사실을 위안으로 삼아야 할까 봅니다.

넷째 강의 103

저는 저를 미워하는 사람들로부터 비교적 자유롭다고 생각합니다. 미워하는 사람보다 사랑해 주는 사람이 더 많다는 사실을 알기 때문이기도 하지만, 궁극적인 이유는 이미 주님으로부터 받은 사랑이 충분하기 때문입니다. 물론 모든 사제가 주님께로부터 충분한 은총과 사랑을 받고 살아갑니다만 그것을 늘 자각하며 살아가는가 아니면 당연시하고 망각한 채 일상을 살아가는가 하는 것은 전혀 다른 문제입니다.

하느님께서는 차별 없이 똑같이 사랑하십니다. 그러나 받아들이는 사람에 따라서 달리 느껴지기 마련입니다. 아침에 해가 뜨는 것도 누구나 똑같이 경험하지만 그것을 받아들이는 데는 개인차가 있겠지요. 아무 생각 없이 아침을 맞는 사람이 있는가 하면, 아침에 눈을 뜨게 해 주시고 생명을 주신 주님의 사랑에 감사할 수 있습니다. 간밤에 잠들고 깨어나지 못한 채 세상을 떠나는 사람도 많이 있지 않습니까? 하늘에서 내리는 비는 지상에 있는 누구에게나 똑같이 내립니다. 그러나 그 은총의 비를 담는 그릇이 작을수록 적게 담기고 클수록 더 많이 담기게 되지요. 아예 그릇을 엎어 놓은 사람도 있을 테고요. 그러면 하느님께서 아무리 사랑을 주셔도 받아들일 수가 없습니다.

신앙인으로 부르심 받은 여러분도 하느님의 특별한 사

랑 안에 있습니다. 부르심을 받은 것 자체가 하느님 사랑의 현존입니다. 혹시 유아세례가 아니라 성인이 되어 세례를 받았다면 하느님께서 부르신 것이 아니라 자신이 스스로 선택하여 하느님을 받아들였다고 생각할 수 있습니다만 조금만 깊이 묵상해 보면 그렇지 않다는 것을 알게 됩니다. 스스로 선택할 수 있도록 마음을 움직여 주신 분도 하느님이시기 때문입니다. 아무리 좋은 것이라 해도 내 마음이 움직이지 않으면 하기 싫은 법이죠. 예를 들어 운동이 건강에 좋다는 것은 누구나 다 압니다. 몰라서 운동을 안 하는 것이 아니라 마음이 움직이지 않아서 몸도 움직이지 않는 겁니다. 마음이 움직여야 합니다. 이렇듯 아무리 하느님께서 부르신다 하더라도, 또 그 부르심에 응답하면 영원한 생명을 보장받는다 하더라도 마음이 움직여야만 부르심에 응답할 수 있습니다.

마음을 움직여 주시는 분은 하느님이십니다. 하느님께서 내 마음을 움직이시어 당신 백성이 되게 하신 것입니다. 그래서 주님께서 모태에서부터 부르셨다고 말씀하십니다(이사 49,1). 내가 부르심에 응답하기 전에 이미 나를 선택하시어 하느님 백성으로 삼으시고 예언직, 왕직, 사제직을 주신 것도 하느님의 크신 사랑입니다. 그런데 그러한 사실도 내가 자각하지 않으면 소용이 없습니다. 내가 그것을 자각해야 하고, 하느님 사랑도 내가 느낄 수 있어야 합니다. 그럴 수만 있다면 누군가로부터 상처 입거나, 사랑을 잃거나, 배신을 당하거나, 남들이 나를 괴롭힌다 하더라도 마음이 크게 불편하지 않습니다. 하느님으로부터 사랑을 받고 있으니 말입니다. 하느님 사랑으로 충분합니다. 그러므로 진정한 자유를 누리기 위해서는 하느님 사랑의 체험이 우선되어야 합니다.

5. 진정한 자유

지금까지 우리는 하느님 사랑을 체험함으로써 자유로운 영혼이 될 수 있는 가능성에 관하여 살펴보았습니다. 이와 더불어 전지전능하시고 영원하신 하느님에 관해서도 한 번 생각해 볼 일입니다. 우리가 하느님을 깊이 만나면, 그분께서는 무한하신 분인 데 비해 나는 너무나 작고 초라함을 느끼게 됩니다. 그분께서 전지全知하시다면 모든 것을 다 알고 계시다는 것인데, 나는 아는 것이 너무 없습니다. 그분께서는 전능하시기에 모든 것을 다 하실 수 있는데, 나는 못하는 것이 너무 많습니다. 이것이 나의 현실이자 인간의 현실입니다. 하느님의 전지전능하심을 확신하고 그에 비춰진 자신의 보잘것없는 실존을 받아들이면 완전하고 진정한 자유를 맛볼 수 있습니다. 하느님의 '전지'全知와 '전능'全能, '영원성'에 관해 하나씩 살펴봅시다.

아는 것이 적은 사람일수록 자기가 많이 안다고 생각하고, 아는 것이 많은 사람일수록 자기가 별로 아는 게 없다고 생각하는 것이 일반적입니다. 아는 것이 적으면 많이 아는 것처럼 보이고 싶어 하고 자꾸 설명하려 합니다. 그런데 모르면 좀 어떤가요? 모든 것을 다 알 수 있는 분은 전지하신 하느님뿐입니다. 그분 앞에서 내가 알아야 얼마나 알겠습니까? 그러니 다 아는 것처럼 설명할 필요도 없고, 다 아는 것처럼 보이려고 노력할 필요도 없습니다. 자신의 부족함을 하느님에 견주어 묵상해 보면 모르는 것에 대한 자격지심이나, 잘 아는 것처럼 보이고 싶은 강박에서 자유로워질 수 있습니다. 가령 아주 쉬운 영어 단어의 스펠링을 틀렸다 칩시다. 그럴 때 창피해하며 얼굴이 붉어질 이유가 없습니다. 요즘은 컴퓨터가 틀린 단어도 다 고쳐 줍니다. 아는 것보다 모르는 것이 더 많다는 사실을 인정하고 받아들이면 모르는 것으로부터 자유로워질 수 있습니다. 그리고 모르는 것에 대해서는 차츰차츰 알아 나가면 되고요.

사람은 모든 것을 다 잘할 수 없습니다. 그러면 전능하신 하느님 자리에 와 있는 것이게요? 신자들이 가끔 "신부님은 못하는 것이 없으세요"라며 저를 치켜세우기도 합니다만 저는 착각에 빠지지 않습니다. 저 역시 못하는 것이 많답니다. 예전에 이태리 여성에게 춤추자는 제안을 받고 끌려 나갔다가 제가 몸치라는 사실을 확인하고 말았지요. 춤은 지금도 썩 내키지 않고요. 춤 말고도 못하는 것이 참 많습니다. 모든 것을 다 잘하면 전능하신 하느님을 능멸하는 것입니다. 좀 못하면 어떻습니까? 실수도 한 번, 아니 반복해서 할 수도 있는 거지요. 그러니 우리가 하느님이 아닌 인간이고 하느님의 피조물인 것입니다. 인간은 인간으로서 자기 자리에 있어야 합니다. 인간이 하느님의 자리에 있어서는 안 될 일이지요. 못한다고 부끄러워할 필요가 없습니다. 모든 것을 잘해야 한다는 강박에서 자유로울 수 있어야 합니다.

우리는 결핍되고 유한한 존재이기 때문에 영원한 것에 마음을 두게 됩니다. 우리 마음의 빈 공간은 영원한 것만이 채울 수 있습니다. 그런데 사라지고 말 것들에 마음을 빼앗겨 있으면 영원한 것이 들어오지 못합니다. 영원한 것에 마음을 두고 영원한 생명을 얻을 수 있다는 믿음을 가지면 세상에 두려울 것이 없지요. 세상에서 가장 용감한 사람은 죽음을 두려워하지 않는 사람일 겁니다.

세상에서 가장 소중한 것이 자신의 생명일진대, 그러니

세상이 아무리 아름답고 좋은 것으로 가득 차 있어도 내게 생명이 없으면 삼라만상 모든 존재가 무의미하겠지요.

그렇게 소중한 생명을 스스로 내어놓은 이들이 다수 있었으니, 바로 순교자들입니다. 그분들은 죽음도 두려워하지 않았습니다. 마음은 이미 영원한 것을 향해 있었고 거기에 온통 사로잡혀 있었으니 유한한 육신의 생명 따위는 아깝지 않았던 것이지요. 이러한 영혼이야말로 더없이 자유로운 영혼이라 할 것입니다.

죽음에 대한 두려움은 누구에게나 공통된 것이기에 저 역시 예외가 아닐 것으로 생각했지요. 그런데 제가 죽음으로부터 비교적 자유롭다는 사실을 알게 된 사건이 있었습니다.

캐나다에서 유학하던 어느 해 겨울이었습니다. 캐나다의 겨울은 춥고 눈이 많이 옵니다. 학기가 끝나면 방학 중에 개인 피정을 하곤 했는데, 그날은 피정을 마치고 아침 식사를 할 음식점을 찾아 고속도로를 달리고 있었지요. 마침 쌓인 눈이 얼어붙어 고속도로는 매우 미끄러운 상태였습니다. 앞서 달리는 트럭 바퀴 자국만 따라가고 있는데 트럭이 너무 오른쪽으로 치우쳐서 간다 싶어 왼쪽으로 핸들을 살짝 돌리는 순간 차가 '미끈' 하고 말았습니다. 그럴 때 브레이크를 밟으면 안 되는 것을 알면서도 나도 모르게 브레이크에 발이 올라가고 순간 차가 고속도로 위를 휙 돌기 시작했습니다. 세 바퀴 도는 그 짧은 시간 동안, 뒤에서 달려오는 대형 트럭을 바라보면서도 차가 멈출 때까지 내가 할 수 있는 일이 없다는 것을 알았고, 그때 맨 먼저 드는 생각이 '아, 이렇게 죽는구나'였습니다. 눈앞에 벌어진 죽음의 상황에서도 두려움은 전혀 없었습니다. 다만 너무 허무하게 죽는다는 데에 아쉬움이 있었을 뿐이지요. '잘 죽고 싶었는데…. 남을 위해서 죽거나, 고귀한 일을 위해 희생하며 죽고 싶었는데 이게 뭐야' 하는 아쉬움이 앞섰습니다. 눈 위에 미끄러져서 아무 의미 없이 죽는다는 것은 속된 표현으로 그냥 개죽음이었으니까요.

그 순간 '쾅' 소리와 함께 차 뒤쪽이 중앙분리대와 충돌하였습니다. 뒤를 돌아다보니 트렁크가 사라질 정도로 심하게 파손되었지만 동시에 '살았구나' 하는 안도감이 들었습니다. 앞쪽을 부딪쳤다면 엔진이 안으로 밀려들어 사망할 수도 있었겠지요. 어찌 되었든 저는 상처 한 군데 없는 몸으로 사고를 수습했고 지금도 후유증은 없습니다. 다만 이 사건을 통해서 죽음으로부터 자유로운 저 자신을 보았고, 그렇게 죽음으로부터 자유로우니 세상에 자유롭지 못한 것이 없겠구나 하는 생각을 하게 되었습니다.

누구든 죽음으로부터 자유로우면 이 세상에 걸릴 것이

없을 겁니다. 죽자고 덤벼드는 사람이 세상에서 제일 무서운 이유도 여기에 있습니다. 물론 저의 그러한 자유로움은 사제가 된 이후에 주어진 하느님의 은총에서 비롯된 것임을 잘 알고 있습니다. 가장 큰 자유로움은 나의 생명까지 포기할 수 있을 때 얻어지는 것이며, 이러한 포기는 오직 영원한 것에 마음을 둘 때 가능해집니다. 영원한 것은 한 분 하느님뿐이시고, 그분께 마음을 두면 내 영혼은 진정한 자유를 얻게 됩니다.

혼자서 이 책으로 피정을 하시는 분들은 아래 말씀 가운데 하나를 묵상하시면 됩니다.

루카 12,4-7; 두려워하지 마라
창세 22,1-18; 이사악 봉헌

마무리

2012년 런던 올림픽에서 우리나라의 조준호 선수는 남자 유도 66kg 이하급에 출전했습니다. 런던 엑셀 제2경기장에서 열린 8강전. 일본의 에비누마 마사시와의 경기에서 판정승을 거두었으나 심판위원장의 개입으로 비디오 판독에 들어가 판정이 뒤집혔습니다. 주심과 부심 2명은 판정을 통해 조준호의 승리를 선언했지만 일본 관중의 야유가 쏟아지자 주심과 선심들이 다시 모였고 에비누마 마사시의 승리를 선언한 것입니다. 이때 에비누마 마사시는 "조준호 선수가 나보다 더 잘했다. 내가 진 게임이다"라고 말했습니다. 번복된 판정도 판정입니다. 심판 전원이 동의

하여 판정을 뒤집었으니 승리를 그냥 가지고 가면 되는 상황인데도 에비누마는 자신의 패배를 인정한 것입니다. 물론 쉬운 일이 아니었을지 모릅니다. 하지만 자유로운 영혼이란 이런 것이라는 생각이 들기에 충분했습니다.

『화해와 치유』를 읽은 독자들이 연속된 주제로 책이 더 나와 주기를 기대한다는 사실을 알게 된 저는 자유로운 영혼을 꿈꾸는 분들을 위해서 이 책을 썼습니다.

상처 입은 영혼이 자신과 먼저 화해를 하면 그 상처가 치유되고, 상처가 치유되면 그 영혼은 상처로부터 자유로워집니다. 그러므로 『화해와 치유』는 자유라는 주제와 연속성을 갖게 되지요. 따라서 이 책을 『화해와 치유』의 속편으로 볼 수도 있습니다. 말씀 묵상을 통해서 자신과 화해하고 치유가 일어나 자유로움을 얻는 과정으로 독자들을 안내하고 싶습니다.

살아가면서 겪는 일 가운데 자신의 힘만으로는 불가능한 영역이 있음을 우리는 절감합니다. 그 부분은 바로 주님께서 해 주셔야 하는 것이고, 그래서 말씀을 묵상해야 하는 것입니다. 말씀을 묵상하면 그 말씀은 내 안에서 살아 있게 되고 나는 변화합니다. 그런데 묵상도 몸에 익히려면 훈련이 필요합니다. 예수회에서 주로 하는 묵상과 관상 피정을 '영신수련'Spiritual Exercise이라고 하는 것도 이렇게 훈련exercise의 중요성을 의미합니다.

훈련은 연습입니다. '연습'이라는 낱말에서 '습'習 자를 잘 살펴보세요. 위쪽은 날개 형상이고 아랫부분의 '백'百의 약자는 무수히 많음을 뜻합니다. 다시 말하면 어린 새가 날기 위해서 수없이 날갯짓하는 모습을 형상화한 글자가 '익힐 습'인 것입니다. 따라서 익힌다는 것은 무수한 날갯짓을 반복하는 것입니다. 이처럼 묵상도 배워 익히는 것이고, 그러기 위해서는 꾸준한 반복이 필요합니다.

진정한 자유를 얻고 마음의 평화를 누리기 위해서는 이 책을 읽는 것으로 충분하지 않습니다. 물론 책을 읽지 않는 것보다는 낫겠지만, 책의 강의 내용은 참고만 하시고 직접 말씀을 묵상하는 편이 더 큰 도움이 될 것입니다.

몰라서 못하는 경우보다는 알고도 안 하는 경우가 더 많습니다. 수많은 현인들이 금과옥조 같은 말씀을 남겼지만 우리는 그 말씀들을 삶으로 옮기지 못하지요. 이렇게 알면서도 안 하는 것이 문제입니다.

성경 말씀도 마찬가지입니다. 미사 때마다 듣는 성경은 우리에게 너무도 친숙한 말씀이 많습니다. 그렇게 많이 듣고 잘 아는 말씀을 우리가 실천하지 못하는 까닭은 무엇일까요? 말씀이 '체화'되지 않아서이겠지요. 말씀이 체화되어 내 마음을 움직이도록 하기 위해서 묵상이 필요합니다. 묵상을 잘하면 말씀이 살아 있다는 느낌을 받게 됩니다. 아무리 좋은 것이라도 내 마음이 움직이지 않으면 아무 소용이 없습니다.

하느님은 우리의 자유를 구속하지 않습니다. 자유는 하느님께서 우리에게 주신 고귀한 선물입니다. 하지만 때로는 하느님이 우리의 자유를 구속한다고 여기는 사람들도 있습니다.

세례를 받고 신앙을 갖고 싶다고 말은 하면서도 정작 세례 받기를 미루는 사람들이 있지요. 이유가 뭘까요? 신앙을 갖게 되면 책임과 의무가 늘어나 불편해질지 모른다는 지레짐작 때문은 아닐까요? 아직은 마음대로 살다가 나이가 좀 더 들면 하고 싶은 걸 더욱 쉽게 포기할 수 있을 테니 그때 가서 신앙을 가져야겠다고 생각하는 경우도 분명히 있을 겁니다. 어쩌면 하느님을 만나고 싶지 않은 이유도 신앙이 자신을 구속한다고 생각하기 때문인지도 모릅니다.

하지만 신앙은 우리를 자유롭게 합니다. 하느님께서는 자유를 태초부터 인류에게 부여하셨고 지금도 우리가 자유를 누리기를 기대하고 계실 것입니다. 그렇지 않으면 예수님을 통해서 "진리가 너희를 자유롭게 할 것"이라는 말씀을 전해 주셨을 리 없지요.

진정한 자유가 무엇인지 우리는 아직 깨닫지 못한 것인지도 모릅니다. 그리고 그 자유가 우리를 얼마나 기쁘게 하는지에 대한 체험도 아직 충분하지 않을 수 있습니다. 이렇게 아직은 다다르지 못한 참된 자유에 여러분을 초대합니다.

물론 저 역시 여전히 부자유스럽고 불편해하는 것들이 없지 않음을 성찰합니다. 그러면서도 비교적 자유로워진 부분에 대해서는 하느님께 감사드리며 살아갑니다. 그리고 오늘도 그 완전한 자유의 길을 찾으며 그 길을 걷고자 애쓰며 살아가고 있습니다. 아직은 완전한 자유를 누리지 못하지만 언젠가는 그것을 얻을 날이 올 것입니다. 그러한 삶을 먼저 살아 내신 분들이 순교자들이고 성인들인 것 같습니다. 분명한 것은 우리도 자유로운 영혼을 소유할 수 있다는 희망을 그분들이 주고 계시다는 사실입니다.